AUSTRALIA
ARCHITECTURE & DESIGN

daab

Ashton Raggatt McDougall | Marion Cultural Centre 8
Ashton Raggatt McDougall | Shrine of Remembrance Visitors Centre 14
BKK Architects | Wrap House 20
Tony Caro Architecture | Broughton Anglican College 24
CARR Design Group | Hilton Hotel Adelaide 28
Cassandra Complex | Chameleon 34
Dale Jones-Evans Architecture | The Art Wall 38
Denton Corker Marshall | ANZAC Hall 42
Denton Corker Marshall with Artist Robert Owen | Docklands Webb Bridge 46
Donaldson + Warn Architects | Kings Park – Lotterywest Federation Walkway 50
Durbach Block Architects | Commonwealth Place 54
Durbach Block Architects | The Holman House 60
Elenberg Fraser | Huski Lodge 68
Peter Elliott Architecture + Urban Design | Victoria Law School 72
fjmt Francis-Jones Morehen Thorp, Hassel | Edith Cowan University, Chancellery and School of Business 80
Hassell | Adelaide Oval Eastern Works 84
Drew Heath | Cypress House 90
Donovan Hill | N House 94
Johnson Pilton Walker | Abbotsleigh Research Centre 98
Lippmann Associates | Butterfly House 102
Lyons | Ecolinc, Science Technologies Innovation Centre 106
Lyons | DPI Queenscliff Centre 112
Marsh Cashman Koolloos Architects | White House 122
McBride Charles Ryan | Dome House 128
McGauran Giannini Soon | New Quay Docklands 134
Melocco & Moore Architects | Hunters hill 138
Minifie Nixon Architects | Australian Wildlife Health Centre 144
Ian Moore Architects | Air Tower 148
Ian Moore Architects | Cohen House and Studio 154
Morris-Nunn and Associates | EcoCentre 162
Alex Popov + Associates | Canopy Apartments 166
Allan Powell Architects | TarraWarra Museum of Art 172
Harry Seidler & Associates | Riparian Plaza 176
Stutchbury & Pape Architecture | Deepwater Woolshed 182
Stutchbury & Pape Architecture | Springwater House 186
Terroir | Liverpool Crescent House 192
Terroir | Peppermint Bay 198
Kerstin Thompson Architects | Blairgowrie House 204
Tonkin Zulaikha Greer | Craigieburn Bypass 210
Stephen Varady Architecture | Fullagar Residence 218
John Wardle Architects | Surfcoast House 222
John Wardle Architects, Hassell, NH Architecture | The Urban Workshop, 50 Lonsdale Street 228
Wood / Marsh Architecture | YVE Apartments 232

'Architecture & Design Australia' beschäftigt sich mit australischer Architektur und richtet den Blick gezielt auf über 50 Gebäude – von Privathäusern bis hin zu öffentlichen Gebäuden, einschließlich zahlreicher preisgekrönter Projekte, die dazu beigetragen haben, dem modernen, australischen Design seine Dynamik zu verleihen. Als kleinster Kontinent unserer Erde ist Australien aufgrund seiner Topographie und abwechslungsreichen Landschaften einzigartig und das spielt eine wichtige Rolle in seiner dynamischen Architektur. Im Norden des Landes gibt es Regenwälder und weite Ebenen, im Südosten Schneefelder, in der Mitte Wüste, während der Osten, Süden und Südwesten aus fruchtbarem Ackerland besteht. In etwa einem Drittel des Landes herrscht tropisches Klima, mehr als ein Fünftel besteht aus Wüstengebieten. Australien stellt für jeden Architekten eine echte Herausforderung dar: ob es nun um den Entwurf einer Scherhütte geht, die man selbst bei den extremen Temperaturschwankungen von 40 °C im Sommer und Minusgraden im Winter noch nutzen kann, oder um eine neue Zooanlage, die sich in die Landschaft einfügt und ihren Besuchern den Zugang zu sämtlichen Tierpflegebereichen hinter den Kulissen gestattet, oder ob es um die Planung eines Wohngebäudes an der zerklüfteten Ostküste geht, das sich an die Küstenlinie anschmiegt und eine optimale Aussicht auf das Meer gewährt. Man kann wohl sagen, dass die Vielseitigkeit des australischen Kontinents die Komplexität seiner Architektur mitgeformt hat – und genau diese Faktoren werden auch künftig an der Gestaltung der spannenden Architektur dieses Landes beteiligt sein.

'Architecture & Design Australia' is a new survey of Australian architecture that takes an expansive look at over 50 buildings, from private dwellings to public monuments, and includes many award-winning projects that have helped shape the energetic state of Australian design today. The world's smallest continent, Australia has a topography and breadth of landscape that is immense and plays an important part in the dynamic architecture produced. It includes rainforests and vast plains in the north, snowfields in the southeast, desert in the center and fertile croplands in the east, south and southwest. About one-third of the country lies in the tropics and more than one-fifth of its land area is desert. Australia is a place where being an architect can be particularly challenging, from designing a shearing shed to operate within the extremes of 104 degrees Fahrenheit in summer and the sub-zero freeze of winter, to a new zoo concept that blends into the landscape and where visitors are allowed access to all areas of an animal's care, to the siting of an apartment building along the rugged terrain of the eastern seaboard that clings to the coastline and drinks in the view. It is fair to say that the diversity of the Australian continent shapes the complexity of its architecture, and it is these ingredients that continue to set the scene for the country's exciting architectural language.

'Architecture & Design Australia' es un nuevo estudio sobre la arquitectura australiana que analiza más de 50 edificios, de residencias privadas a monumentos públicos, e incluye numerosos proyectos premiados que han contribuido al actual dinamismo del diseño australiano. La inmensa variedad de topografías y paisajes de Australia, el continente más pequeño del mundo, tiene un papel clave en la dinámica arquitectura local. Incluye selvas y planicies vastas en el norte, paisajes nevados en sudeste, desierto en el centro y tierras fértiles en el este, sur y sudoeste. Alrededor de un tercio del país se ubica en los trópicos y más de un quinto de su territorio es una zona desértica. Australia es un lugar en el que ser arquitecto puede ser un desafío particularmente grande: desde diseñar un puesto de esquileo que funcione bajo temperaturas extremas de 40 grados en el verano y bajo cero en invierno, un nuevo concepto para un zoológico que se integre al paisaje y donde los visitantes puedan acceder a todas las áreas de cuidado de los animales, hasta el emplazamiento de un edificio de departamentos a lo largo del terreno accidentado de la costa este, un edificio que deberá sobresalir de la costa y absorber la vista del paisaje. Es justo decir que la diversidad del continente australiano da forma a la complejidad de su arquitectura y contribuye los ingredientes que conforman la escena del vibrante lenguaje arquitectónico del país.

« Architecture & Design Australia » est un nouveau passage en revue de l'architecture australienne. L'ouvrage examine amplement plus de 50 ouvrages, des demeures privées aux monuments publics, et présente plusieurs projets primés qui ont contribué à instiller au design australien l'énergie qui le distingue aujourd'hui. Plus petit continent du monde, l'Australie présente une topographie et des paysages immenses par leur diversité qui jouent un rôle important dans l'architecture dynamique d'aujourd'hui. Ces paysages incluent des forêts pluviales et des plaines immenses au Nord, des champs de neige dans le Sud-Est, des déserts au centre et des terres agricoles à l'Est, au Sud et au Sud-Ouest. Environ un tiers du pays se trouve sous les tropiques et plus d'un cinquième de sa superficie est désertique. L'Australie est un continent synonyme de défis particuliers pour les architectes, leurs études pouvant aussi bien porter sur un hangar où tondre les moutons, qui doit continuer de fonctionner à des températures extrêmes de +40 °C en été et inférieures à zéro en hiver, que sur un nouveau concept de zoo qui s'intègre dans le paysage et où les visiteurs peuvent observer toutes les zones où les animaux reçoivent des soins, jusqu'au site d'un immeuble d'appartements sur le terrain accidenté de la côte orientale, qui colle au littoral et absorbe littéralement la vue. Il est juste de dire que la diversité du continent australien façonne la complexité de son architecture, et que ce sont ces ingrédients qui continuent de définir le cadre dans lequel s'exprime le fascinant langage architectural australien.

'Architecture & Design Australia' è un nuovo sommario dell'architettura australiana che da uno sguardo approfondito a oltre 50 edifici, dalla dimora privata al monumento pubblico. Sono inclusi inoltre molti progetti che hanno vinto concorsi, contribuendo a plasmare l'aspetto energetico del design australiano contemporaneo. L'Australia – il continente più piccolo del mondo – ha un'immensa topografia e vastità di paesaggi il che gioca un ruolo importante nel dinamismo delle opere architettoniche. Sono presenti foreste tropicali umide e vaste pianure a nord, campi innevati a sud-est, il deserto al centro e fertili suoli coltivati a est, sud e sud-ovest. Circa un terzo del paese è zona tropicale e oltre un quinto del paese è deserto. L'Australia è un posto dove essere architetti può rappresentare una sfida particolare che si estende dal disegno di un impianto di tosatura funzionante con estremi di temperatura di 40 °C d'estate ai gradi sotto zero d'inverno attraverso un nuovo concetto zoologico integrato nel paesaggio dove i visitatori possono accedere a tutte le aree di cura degli animali, fino alla costruzione di un condominio sul selvaggio terreno della costa ad est, aggrappata alla scogliera, regalando così meravigliosi panorami. È quindi giusto dire che la diversità del continente australiano crea la complessità della sua architettura e sono questi ingredienti che continuano a trasformare il palcoscenico per esprimere il linguaggio architettonico del paese così appassionante.

Ashton Raggatt McDougall
Marion Cultural Centre | 2001
Marion, SA
Photos: © Peter Bennetts, John Gollings

Das Marion Cultural Centre, das als Wahrzeichen der Stadt errichtet wurde, vermittelt ein einzigartiges Lokalambiente, das durch die Inschrift „Marion“ auf der Fassade noch betont wird. Bei seiner Errichtung wurde auf energiesparende Maßnahmen wie z. B. ein Auffangsystem für Regenwasser, ein Solarenergiesystem für Heißwasser, energiesparende Beleuchtung, ein Niedrigenergie-Verdunstungssystem und eine energiesparende Klimaanlage geachtet. Sogar die Gartenanlage ist pflegeleicht und erfordert nur eine geringe Bewässerung.

Designed to create a civic landmark, the Marion Cultural Centre has a unique sense of place further articulated by the word "Marion"detailed on its façade. The design is energy efficient, with a stormwater retention system, solar hot water, energy efficient artificial lighting, low energy evaporative systems and economy cycle air conditioning–even the external landscaping is low maintenance and water efficient.

Diseñado como un monumento cívico, el Centro Cultural Marion tiene una personalidad única que se ve acentuada por la palabra "Marion" marcada en su fachada. El diseño es eficiente desde el punto de vista del consumo de energía, incluyendo un sistema de retención de aguas pluviales, agua caliente solar, luz artificial de consumo eficiente, sistemas de evaporación de energía y aire acondicionado con ciclo económico. Incluso el paisaje externo es de bajo mantenimiento y consumo eficiente de agua.

Conçu pour créer un repère municipal dans le paysage urbain, le Marion Cultural Centre a un sens unique en son genre de l'emplacement, articulé plus avant par ce prénom, « Marion » détaillé sur sa façade. Au plan énergétique, sa conception est très efficace : système de retenu des eaux d'orage, eau chaude solaire, éclairage artificiel efficient en énergie, systèmes évaporateurs à faible énergie, climatisation à cycle économique, même l'espace paysagé extérieur demande peu de maintenance et utilise efficacement l'eau.

Disegnato per creare un punto di riferimento urbano, il Marion Cultural Centre dimostra uno straordinario senso dello spazio, ulteriormente pronunciato dalla parola "Marion" impressa sulla sua facciata. Il design si basa sul risparmio d'energia, con un sistema di ritenzione delle acque pluviali, riscaldamento dell'acqua con sistema solare, illuminazione a risparmio energetico, sistemi evaporativi a basso consumo d'energia ed aria condizionata a ciclo economico – addirittura i giardini esterni richiedono poca manutenzione ed innaffiamento.

was here

Fiction
Large Print
Fiction
Fiction
Large Print

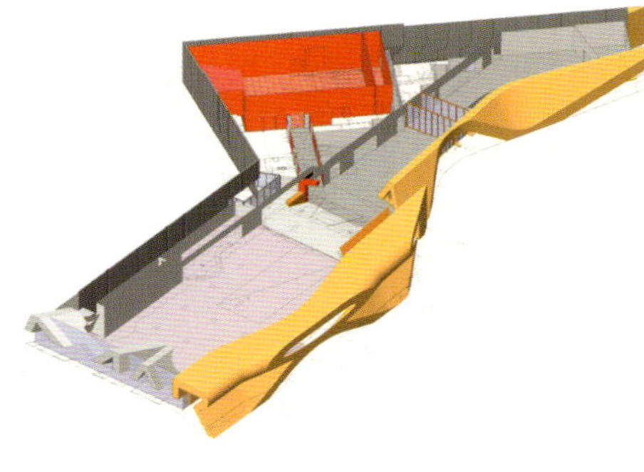

Ashton Raggatt McDougall
Shrine of Remembrance Visitors Centre | 2003
Melbourne, VIC
Photos: © John Gollings

Der Shrine of Remembrance ist Melbournes auffälligstes Kriegsdenkmal. Es steht für diejenigen Menschen, die für ihre Gemeinde Opfer gebracht haben und hat für die Stadt Melbourne große Bedeutung. Die neu gestaltete öffentliche Fläche, die Galleries of Remembrance unterhalb des Rasenhügels und das Visitors Centre (Besucherzentrum) verleihen der Gedenkstätte eine neue, erzieherische Bedeutung innerhalb des Gemeindelebens.

The Shrine of Remembrance is Melbourne's most visible and poignant war memorial. It has significance to the people who have made sacrifices for the greater community and to the urban fabric of Melbourne. The newly landscaped public access, the Galleries of Remembrance below the grassy mound, and the Visitors Centre all provide the Shrine with a new educational role within the community.

El Santuario de la Memoria es el monumento conmemorativo de la guerra más famoso y conmovedor de Melbourne. Tiene un gran significado para quienes se sacrificaron por la comunidad en general y para el tejido urbano de la ciudad. A través del acceso público renovado, las Galerías de la Memoria ubicadas bajo un montículo verde y el Centro de Visitantes, el Santuario adquiere una nueva función educativa dentro de la comunidad.

Le Shrine of Remembrance est bien le mémorial de guerre le plus visible de Melbourne, et aussi le plus poignant. Il signifie quelque chose à tous les gens qui ont fait des sacrifices pour le bien de la communauté et pour le tissu urbain de Melbourne. L'accès au public nouvellement paysagé les Galeries du Souvenir en dessous du monticule gazonné, et le Centre des Visiteurs confèrent ensemble à cet écrin un nouveau rôle éducatif au sein de la communauté.

Lo Shrine of Remembrance è il monumento commemorativo di guerra più visibile e pungente di Melbourne. Si rivolge sia a chi ha fatto sacrifici alla gran comunità sia alla struttura urbana di Melbourne. L'entrata con il suo paesaggio recentemente creato, le Galleries of Remembrance sotto le colline ricoperte di prati, ed il Visitors Centre insieme portano lo Shrine ad un nuovo ruolo educativo all'interno della comunità.

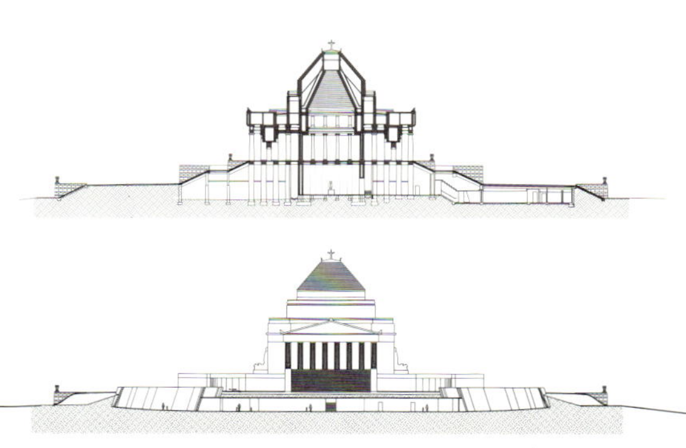

BKK Architects
Wrap House | 2003
Melbourne, VIC
Photos: © John Gollings

Das Wrap House wurde als ein Ort der Geborgenheit und des Lichts konzipiert, der mit der Umgebung interagiert. Inmitten von spitzen Ziegeldächern gelegen, hebt sich seine kantige Oberfläche vom Vorortambiente ab. Und statt sich hinter hohen Mauern zu verstecken, schafft eine riesige Glasfläche eine Verbindung zur Straße. Passend dazu öffnet sich statt eines Zauns ein Garten zum öffentlichen Bereich hin.

The Wrap house is manipulated to create a place of enclosure and light that interacts with its location. Surrounded by pitched, tiled roofs, its folded surface rises from the suburban setting and instead of hiding behind large walls, a huge expanse of glass engages with the street. Similarly, a garden instead of a fence meets the public domain.

La casa Wrap fue manipulada para crear un lugar de contención y luz que interactúa con su ubicación. Rodeada por tejados empinados, su superficie curva se alza en medio del entorno suburbano y, en vez de esconderse detrás de grandes muros, una gran extensión de vidrio se comunica con la calle. De manera similar, un jardín, en lugar de una reja, es la frontera con el área pública.

La Wrap House a été « manipulée » pour créer un lieu à la fois d'intimité et de lumière qui interagit avec son site. Entourée par des toits en pente garnis de tuiles, sa surface pliée s'élève de son cadre suburbain et, au lieu de se cacher derrière de hauts mur, une vaste étendue vitrée entre en contact avec la rue. Et dans le même esprit, c'est un jardin et non pas une palissade qui la sépare de l'espace public.

Il Wrap House è stato manipolato per creare un sito racchiuso dove la luce interagisce con il posto. Circondata da tetti di tegole e a punta, la sua superficie piegata emerge dalla scenografia del sobborgo e invece di nascondersi dietro a larghi muri, un'enorme estensione di vetro interagisce con la strada. In modo simile, il giardino invece di avere una recinzione, si apre verso il pubblico.

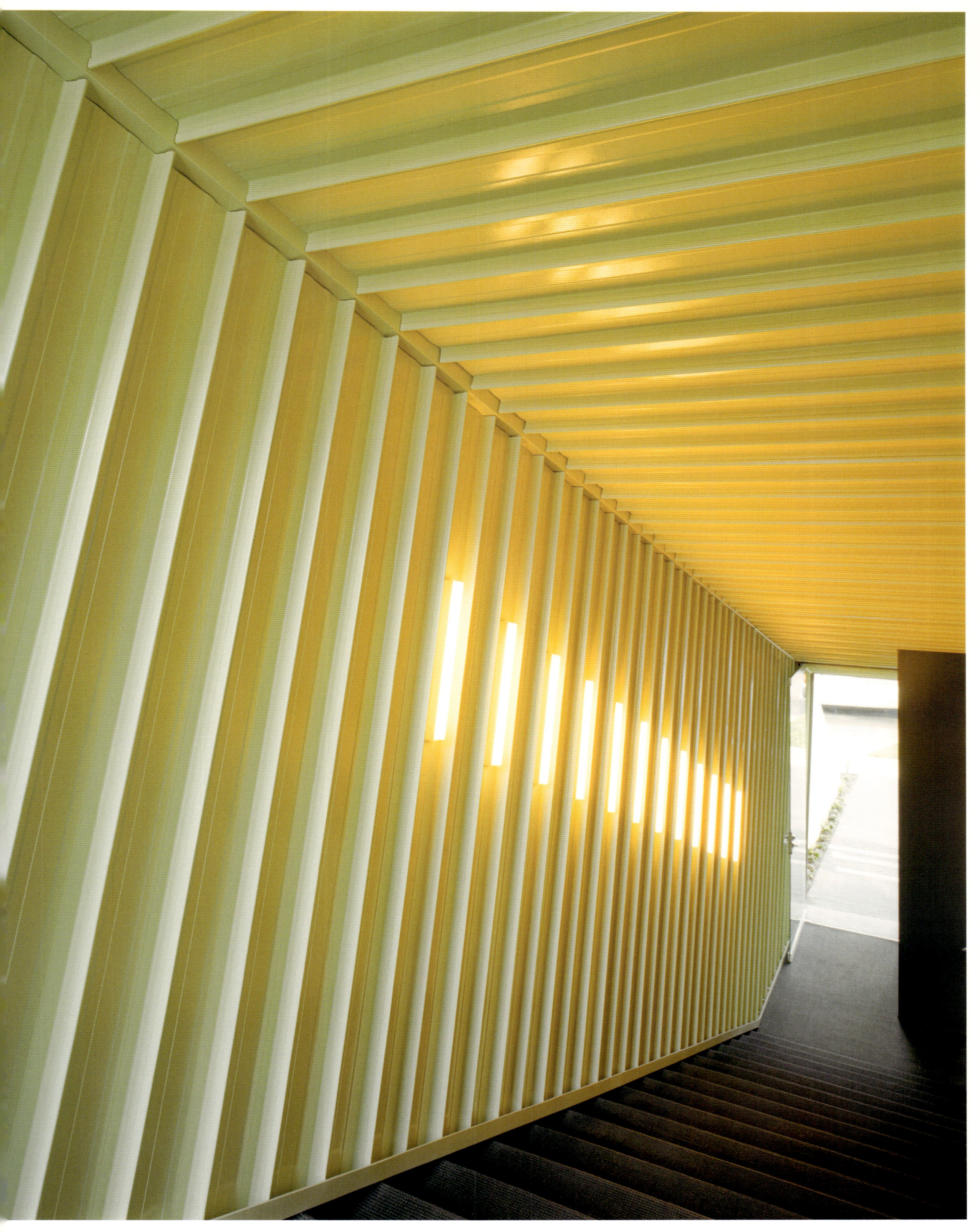

Tony Caro Architecture
Broughton Anglican College | 2003
Campbelltown, NSW
Photos: © Brett Boardman

Das Broughton Anglican College ist die moderne Interpretation eines traditionellen Innenhofgebäudes. Ein breiter Bogengang im Erdgeschoss bietet Schutz und gleichzeitig Erholung. L-förmige Fertigpaneele stützen die darüber liegende Terrasse, und eine durchbrochene Blende bietet Sichtschutz und Ausblicke zugleich.

The Broughton Anglican College is a contemporary interpretation of a traditional courtyard building. A deep arcade at ground level gives shelter for circulation and leisure. L-shaped precast panels support the veranda above, and a perforated precast screen mediates between shelter and outlook.

Este edificio es una interpretación contemporánea de un edificio tradicional con jardín. Una arcada pronunciada en la planta baja crea un refugio de circulación y paseo. En la parte superior, la veranda está sostenida por paneles premoldeados en forma de L y una pantalla perforada premoldeada intercede entre el refugio y la vista.

Le Broughton Anglican College est une interprétation contemporaine d'un bâtiment traditionnel doté d'une cour. Un arcade profonde au rez-de-chaussée sert d'abri aux passants et de lieu de détente. Des panneaux préfabriqués en forme de L supportent la véranda au-dessus, et un écran perforé en matériau préfabriqué joue un rôle hybride d'abri et de point de départ de l'observation.

Il Broughton Anglican College è un'interpretazione contemporanea di una costruzione tradizionale di un cortile. Un'arcata profonda al livello del suolo dà il riparo per passeggio e svago. I pannelli prefabbricati a "L" sostengono la veranda di sopra e uno schermo prefabbricato perforato interagisce fra riparo e prospettiva.

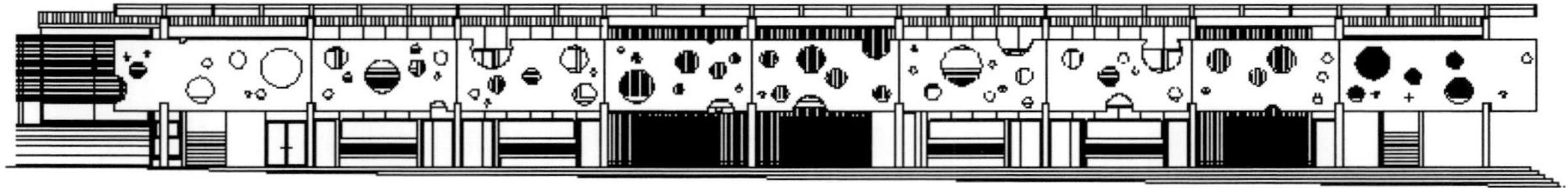

CARR Design Group
Hilton Hotel Adelaide | 2005
Adelaide, SA
Photos: © Earl Carter

Für das Hilton Hotel in Adelaide wurde eine Reihe ultramoderner und spektakulärer Multifunktionsräume entworfen. In den großen Ballsälen wurde fein gewobenes Maschennetz aus Edelstahl angebracht, um dahinter die Decken zu verbergen und um spektakuläre Lichteffekte zu erzielen. Die sechs Meter hohen Wände im größten Ballsaal wurden mit einem doppelten Maschennetz verkleidet, während sich schimmernde Silberstoffe im Luftzug bauschen und dem Raum eine anheimelnde Atmosphäre verleihen.

A series of sophisticated and dramatic corporate conference spaces were designed for the Hilton Hotel in Adelaide. Intricately woven stainless steel mesh, like a shimmering veil, was used in the principal ballrooms to conceal the ceiling and provide opportunities for spectacular lighting effects. Six-meter high walls in the main ballroom, curtained with a double layer of mesh and iridescent silver fabric, billow with the movement of air, creating a softly intimate space.

Para el hotel Hilton de Adelaide se diseñó una serie de espacios corporativos sofisticados y de mucho carácter. En los principales salones de fiesta se utilizó una malla de tejido fino de acero inoxidable, como un velo resplandeciente, para ocultar el techo y posibilitar efectos de iluminación espectaculares. En el salón de fiesta más importante, las paredes de seis metros de altura están revestidas con una capa doble de malla y un tejido de plata tornasolado que se ondulan con el movimiento del aire, lo que crea un espacio de suave intimidad.

Toute une série d'espaces fonctionnels, sophistiqués, générateurs d'une ambiance d'entreprise très marquée, ont été dessinés pour l'hôtel Hilton d'Adélaïde. C'est un maillage en acier inox très élaboré, tel un voilage chatoyant, qui a été installé dans les principales salles de danse, pour masquer le plafond et créer des opportunités d'effets lumineux spectaculaires. Les murs de six mètres de haut dans la salle principale de danse, avec leurs rideaux à double couche de textile argenté, créent une ondulation iridescente avec les mouvements de l'air, et avec elle un espace d'intimité feutrée.

Una serie di sofisticati e drammatici spazi corporativi funzionali è stata progettata per il Hilton Hotel a Adelaide. Una rete raffinatamente tessuta in acciaio inossidabile, come un velo splendente, è stata usata nelle sale da ballo principali per celare il soffitto e per poterla usare per la creazione di illuminazioni spettacolari. Pareti alte sei metri nella sala ballo principale si chiudono con uno strato doppio di rete ed una stoffa d'argento iridescente si muove delicatamente con i soffi d'aria, generante uno spazio morbidamente intimo.

C T O R

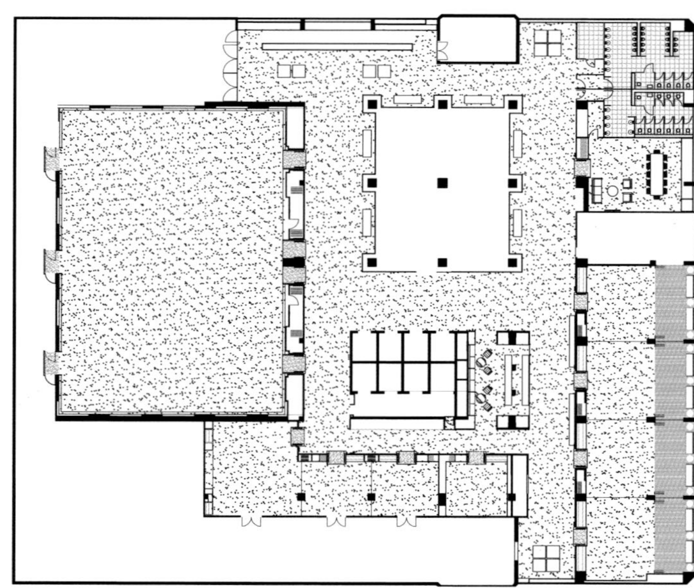

VICTORIA
GRAND BALLROOM

Cassandra Complex
Chameleon | 2003
Melbourne, VIC
Photos: © John Gollings

Das Chameleon House, das die Persönlichkeit und Identität seines Bauherrn zum Ausdruck bringt, wurde in der alten Allens Sweet Factory in Melbourne erbaut. Die äußere Hülle des Lagerhauses wurde erhalten, obwohl sich sein Innenleben immer mehr ausdehnte. Die Verwendung von Spiegelflächen unterteilt den Innenraum in Dreiecke und schafft neue Welten. Vervollständigt wird das Projekt durch seine warmen Farben, Polster, verschnörkelten Oberflächen und eine Dachterrasse als Alternative zum australischen Grillfest im Garten.

An expression of the client's identity and personality, the Chameleon House was designed within the old Allens Sweets Factory in Melbourne. The volume of the warehouse was maintained as objects grew within it. The use of mirrors triangulates the interior, creating other worlds, and the project is complete with warm colors, cushioned surfaces, quirky finishes, and a roof deck for the alternative Australian backyard BBQ.

Una expresión de la identidad y personalidad del cliente, la casa Camaleón fue diseñada dentro de la antigua fábrica Allens Sweets de Melbourne. Se mantuvo el volumen del depósito, dejando que los objetos crecieran en su interior. El uso de espejos da forma triangular al interior, creando otros mundos, y el proyecto se completa con colores cálidos, superficies mullidas, terminaciones estrafalarias y una terraza sobre el techo que se utiliza para la parrilla australiana alternativa.

Expression identitaire et personnelle de son client, la Chameleon House a été conçue à l'intérieur de l'ancienne fabrique de bonbon Allens Sweets Factory de Melbourne. Le volume de l'entrepôt a été conservé tandis que les objets croissaient en lui. L'utilisation de miroirs a un effet de triangulation sur l'intérieur, crée d'autres univers ; des teintes chaleureuses, des surfaces capitonnée, des finitions excentriques et un pont sur le toit à titre d'alternative au classique barbecue australien dans la cour.

Come l'espressione dell'identità e la personalità del cliente, la Chameleon House è stata disegnata all'interno della vecchia Allens Sweets Factory di Melbourne. Il volume del precedente magazzino è stato mantenuto mentre gli oggetti sono cresciuti al suo interno. L'uso di specchi sfaccetta gli interni, creando altri mondi e il progetto si completa con colori caldi, superfici imbottite, rifiniture arabesche e una terrazza sul tetto per il barbecue nei cortili tipico dell'Australia.

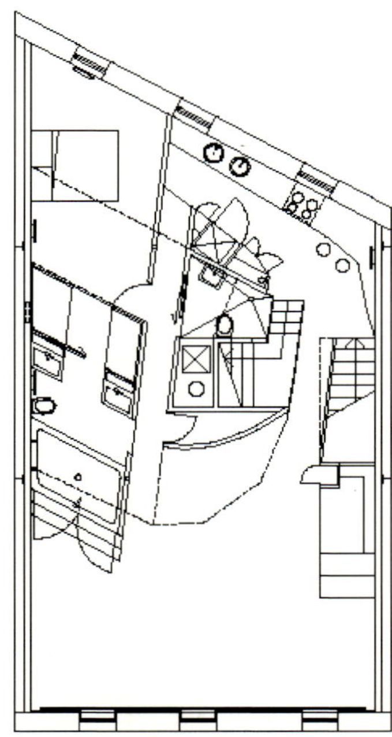

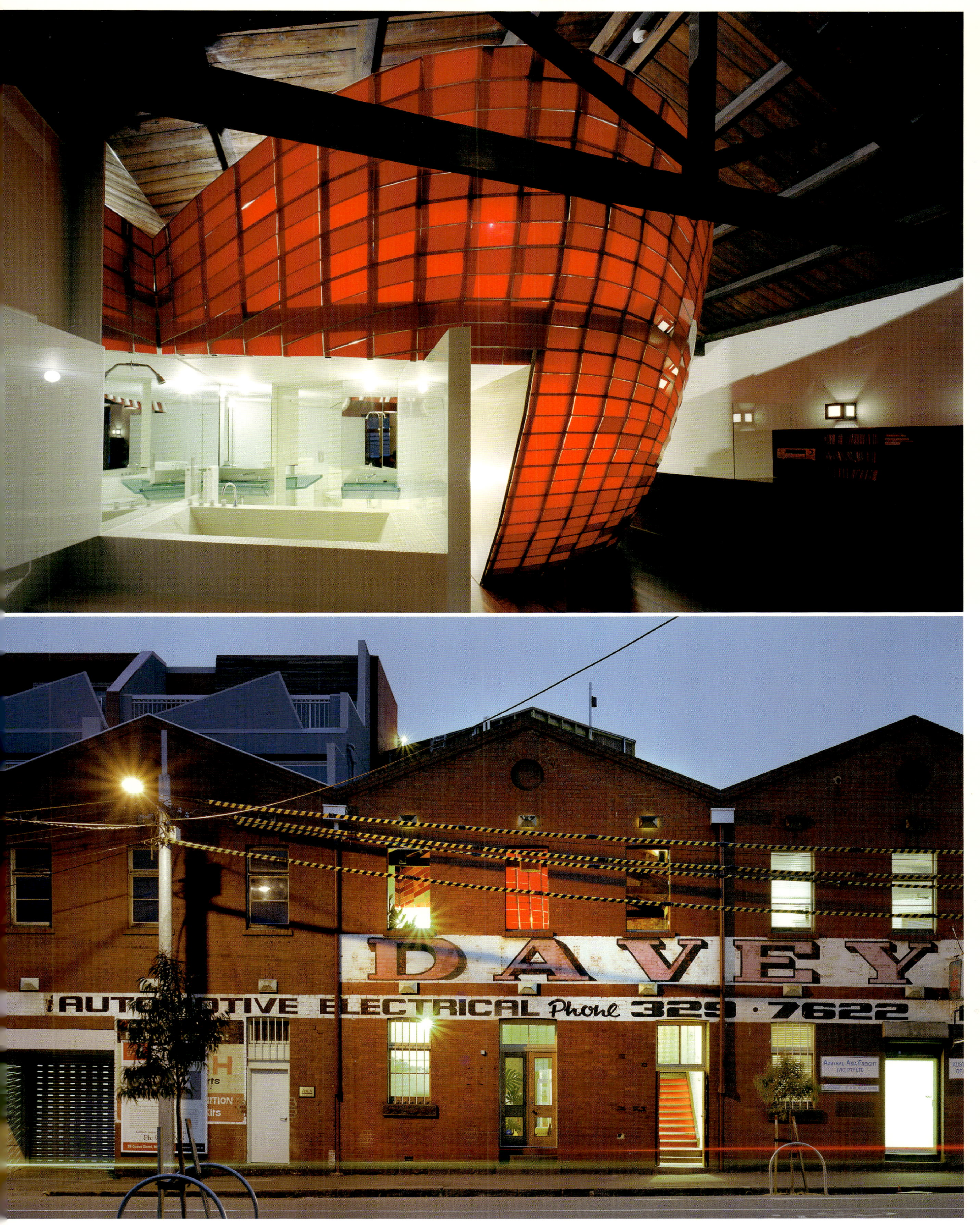
DAVEY
ELECTRICAL Phone
7622
AUSTRAL-ASIA FREIGHT
(VIC) PTY LTD

Dale Jones-Evans Architecture
The Art Wall | 2003
Sydney, NSW
Photos: © Trevor Mein, Paul Gosney

Dieser schlanke, sechsstöckige Bau, der als eine große Kunstwand erschaffen wurde, besitzt eine geformte Stahlkonstruktion, ein Stahlsegel, das als Sonnenschutz dient, sowie eine durchscheinende Lichtbox mit wechselnden Bildern, die von Künstlern immer wieder neu entworfen werden. Auf Straßenhöhe findet man Geschäfte, ein Restaurant, Büros, eine Lichtbox für öffentliche Kunst, eine Kunstleinwand und eine Zuflucht für Obdachlose. Dieses Gebäude bereichert Sydneys Innenstadt und das kulturelle Leben der Stadt.

Designed as one big art-wall gesture, this slim six-story project has a sculpted steel base, a steel veil that acts as a sunscreen, and a translucent lightbox, with changing images regularly re-designed by artists. Street-level retail and restaurant, offices, a Public Art lightbox, an art-screen and a street-level grotto for the urban dispossessed, the building excites Sydney's public domain and adds to the city's lively cultural layers.

Diseñado como un gran mural de arte, este ajustado proyecto de seis pisos posee una base de acero esculpido, un velo de acero que sirve de filtro solar y una caja de luz translúcida con imágenes cambiantes rediseñadas periódicamente por artistas. Con tiendas y un restaurante a nivel de la calle, oficinas, una caja de luz para arte público, una pantalla de arte y una 'gruta' para los desposeídos urbanos, el edificio atrae la atención pública de Sydney y contribuye a las vivaces capas culturales de la ciudad.

Conçu comme un grand acte d'art mural, ce projet élancé sur six étage présente une embase sculptée en acier, un voilage en acier lui servant d'écran solaire et une boîte à lumière translucide avec des images changeantes, régulièrement réétudiées par des artistes. Un magasin de détail et un restaurant, des bureaux, un boîte à lumière Public Art, un écran d'art et une grotte de plain-pied avec la rue, pour les démunis de la ville ; l'immeuble met de la vie dans l'espace public de Sydney et vient s'ajouter aux strates culturelles vivantes de la ville.

Disegnato come grande gesto di arte muraria, questo progetto a sei piani ha una base in acciaio scolpito, un velo in acciaio che funge da schermo al sole e una scatola luminosa traslucida che trasmette immagini in alternanza, regolarmente ridisegnate dagli artisti. Con negozi al pian terreno, ristoranti ed uffici, una scatola luminosa della Public Art, uno schermo d'arte e una sorta di cava a livello della strada per i senzatetto della città, l'edificio agita il dominio pubblico di Sydney e si aggiunge alle vivaci espressioni della cultura in città.

Acrylic on

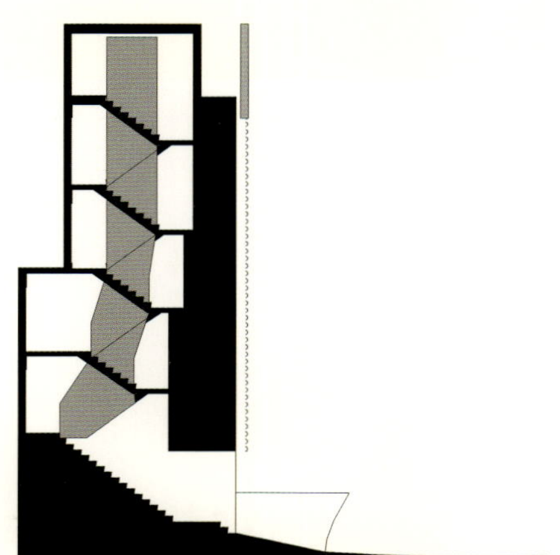

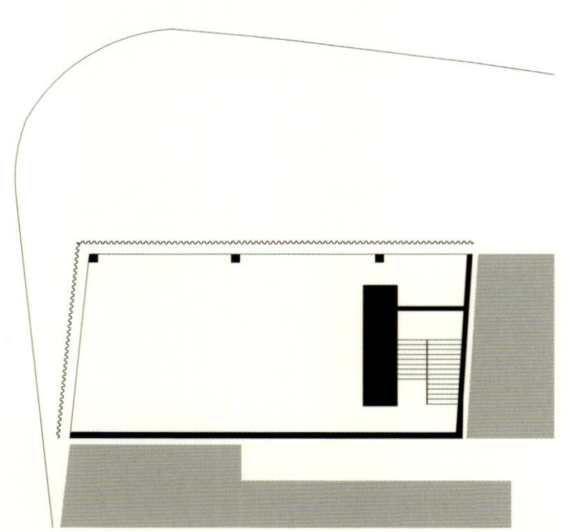

Denton Corker Marshall
ANZAC Hall | 2001
Campbell, ACT
Photos: © John Gollings

ANZAC Hall erweitert das Australian War Memorial (Kriegsgedenkstätte) um die historische ANZAC Parade. Die Halle befindet sich auf der Rückseite des alten Gebäudes und verschmilzt unscheinbar mit der Umgebung, damit das Auge nicht von der Sehenswürdigkeit abschweift. Das höhlenartige, dunkle Innere bildet einen dramatischen Rahmen für die Ausstellung der großen militärischen Erinnerungsstücke, die vom darüber liegenden Zwischengeschoss aus betrachtet werden können. Durch Klangeffekte und die audiovisuelle Ausstattung werden die Panzer, Lkw, Flugzeuge und U-Boote zum Leben erweckt.

ANZAC Hall extends the Australian War Memorial on historic ANZAC Parade. The hall is positioned at the rear of the old building, recessed into the landscape to reduce the impact on the landmark. Dark and cavernous inside, it is a dramatic setting for the exhibition of large military technology relics viewed from the mezzanine level above. Here sound effects and audio-visual equipment bring military tanks, trucks, planes and submarines to life.

Este salón extiende el Australian War Memorial sobre la histórica ANZAC Parade. Está ubicado en la parte posterior del edificio antiguo y mezclado con el paisaje para reducir su impacto sobre el edificio histórico. Oscuro y cavernoso en su interior, es un marco dramático para la exhibición de grandes reliquias de tecnología militar que se observan desde el entresuelo superior. Por medio de efectos de sonido y equipos audiovisuales, recobran vida los tanques, camiones, aviones y submarinos militares.

Le Hall ANZAC sert d'extension au Mémorial de guerre australien sur l'historique ANZAC Parade. Le hall est positionné à l'arrière de l'ancien bâtiment, en retrait dans le paysage pour en réduire l'impact sur ce grand monument. D'un intérieur sombre et caverneux, il crée un cadre saisissant pour exposer les reliques volumineuses de la technologie militaire à observer depuis la mezzanine. Ici, les effets sonores et l'équipement audiovisuel redonnent vie aux blindés, aux camions, aux avions et aux sous-marins.

L'ANZAC Hall estende l'Australian War Memorial sulla storica parata d'ANZAC. L'edificio è situato nella parte posteriore della vecchia costruzione, integrato nel paesaggio per ridurre l'impatto sull'ambiente. Scuro e come una cava all'interno, rappresenta una scenografia drammatica per l'esibizione di grandi relitti di tecnologia militare, osservabili dal soprastante livello di mezzanino. Qui effetti sonori e le attrezzature audiovisive danno vita ai carri armati, i camion, gli aerei ed i sommergibili militari.

Denton Corker Marshall with Artist Robert Owen
Docklands Webb Bridge | 2003
Photos: © Shannon McGrath

Als Teil eines öffentlichen Kunstprojekts in den Docklands von Melbourne weist die Webb Bridge zwei deutlich erkennbare Abschnitte auf: die bereits bestehende Webb Dock Rail-Konstruktion und die neue, gewundene Schrägverbindung, die die unterschiedlichen Ebenen ausgleicht und ihren Endpunkt am Südufer findet. Beide Teile der Brücke gehen nahtlos ineinander über und ihre neuen, gewundenen Kurvenformen verstärken das raumgreifende, beherrschende Erscheinungsbild.

Part of a public art project in Melbourne's Docklands, the Webb Bridge has two distinct sections: the existing Webb Dock Rail structure and the new curved, ramped link that accommodates level changes and creates a point of arrival at the south bank. Both are joined seamlessly, with an emphasis on volume and containment in the new curved and sinuous form.

Parte de un proyecto de arte público ubicado en la zona Docklands de Melbourne, este puente tiene dos sectores distintivos: la estructura ya existente del Webb Dock Rail, y el nuevo enlace curvo e inclinado que adapta los cambios de nivel y crea un punto de llegada en la orilla sur. Ambos están unidos perfectamente, con el énfasis de la nueva forma curva y serpenteante puesto en el volumen y la contención.

D'abord partie d'un projet d'art public dans les Docklands de Melbourne, le pont Webb Bridge présente deux tronçons distincts : la structure existante du Webb Dock Rail et la nouvelle liaison, incurvée et inclinée qui comprend des changements de niveau et crée un nouveau point d'arrivée sur la rive Sud. Leur point d'union est invisible, l'accent étant mis sur le volume et le confinement propre à cette nouvelle forme curviligne et sinueuse.

Parte di un progetto pubblico di arte nei Docklands di Melbourne, il Webb Bridge ha due sezioni distinte: la struttura attuale del Webb Dock Rail ed il nuovo collegamento curvo e dilagato che accomoda i cambiamenti di livello e crea il punto d'arrivo al ponte sud. Entrambi si uniscono direttamente, con un'enfasi su volume ed il contenimento nella nuova forma curva e sinuosa.

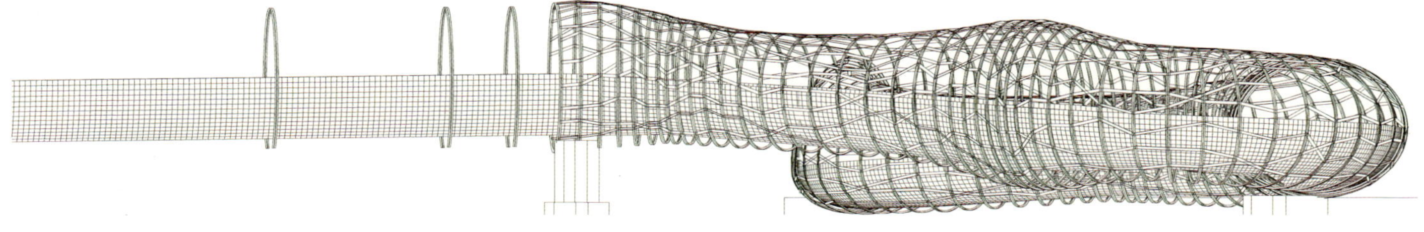

Donaldson+Warn Architects
Kings Park - Lotterywest Federation Walkway | 2003
Perth, WA
Photos: © Martin Farquharson

Der neue Kings Park und der Verbindungssteg zum Botanischen Garten mit ebenerdigem bzw. schwebendem Gehsteg offenbaren die biologische Vielfalt der Bäume, das Kulturerbe der Aborigines und Europäer sowie die Botanik Westaustraliens. Die Landschaft verbindet den neuen Durchgang mit dem neu gestalteten Raum. Die vom Bildhauer Kevin Draper integrierten „Zeichnungen" wurden auf rostige Stahlpfeiler aufgeschweißt.

The new Kings Park and Botanic Garden's walkway, with on-ground pathway, boardwalk and an elevated walkway, explores the biodiversity of trees, Aboriginal and European cultural heritage and the Western Australian Botanic Garden. The landscape unites the new walkway with the reconfigured landform, while sculptor Kevin Draper's integrated artwork of "drawings" are subtly carved and welded onto the rusty steel plate pylons.

La nueva senda del Kings Park y del Jardín Botánico, que incluye una senda en tierra, una acera de madera y una senda elevada, explora la biodiversidad de árboles, el legado cultural aborigen y europeo, y el jardín botánico australiano occidental. El paisaje une la nueva senda con el accidente geográfico reconfigurado, y las obras integradas o "dibujos" del escultor Kevin Draper están sutilmente esculpidas y soldadas a las torres de acero oxidado.

Le nouvelle passerelle de Kings Park et du jardin botanique, avec chemin piétonnier, trottoir de planches et passerelle en hauteur, explore la biodiversité des arbres, l'héritage aborigène et l'héritage culturel européen de ce Botanic Garden situé en Australie de l'Ouest. Le paysage unifie la nouvelle passerelle avec le paysage redessiné, tandis que les « dessins » intégrés du sculpteur Kevin Draper sont subtilement gravés et soudés sur les pylônes en plaques d'acier rouillées.

Il nuovo passaggio del Kings Park e del Botanic Garden, con il passaggio al livello del suolo, il ponticello in legno ed un altro ponticello sollevato, esplora la biodiversità degli alberi, eredità culturale aborigena ed europea ed il giardino botanico australiano occidentale. Il paesaggio unisce il nuovo passaggio al paesaggio modificato, mentre le opere d'arte integrate dello scultore Kevin Draper sono sottilmente intagliate e saldate sui piloni d'acciaio arrugginiti.

Durbach Block Architects
Commonwealth Place | 2000
Canberra, ACT
Photos: © John Gollings, Anthony Browell, Brett Boardman, Chris Cole

Commonwealth Place in Canberra befindet sich auf einem repräsentativen Grundstück am Ufer des Lake Burley Griffin. Die vorherrschende Schalenform fügt sich behutsam und sensibel in ihre Umgebung ein und gewährt Ausblicke auf die Gebäude des Old und New Parliament auf der gegenüber liegenden Seite des Sees. Gleichzeitig wird dadurch das Seeufer für die Öffentlichkeit zugänglich gemacht. Das von einer ausdrucksstarken und fließenden Steinmauer umgrenzte Design schwankt zwischen Gebäude und Landschaft hin und her.

Commonwealth Place in Canberra is built on a prestigious site at the edge of Lake Burley Griffin. A careful and sensitive insertion into the environment, the dominant dish form enhances the views of Old and New Parliament Houses from across the lake, and at the same time opens up the lake's shore for use by the public. Bordered by a sensuous, flowing stone wall, the design errs between building and landscape.

Este edificio tiene una ubicación privilegiada a orillas del lago Burley Griffin. Integrado con cuidado y sensibilidad al medio ambiente, la forma dominante de plato resalta la vista del Parlamento Nuevo y Antiguo del otro lado del lago y, al mismo tiempo, coloca la orilla del lago a disposición del público. Flanqueado por un sensual muro de piedra ondulante, el diseño quiebra el límite entre el edificio y el paisaje.

A Canberra, la place du Commonwealth a été construite sur un site prestigieux, sur le bord du lac Burley Griffin. Intégration prudente et délicate dans l'environnement, cette forme dominante en assiette met en évidence les vues des Old et New Parliament Houses observées depuis l'autre côté du lac, et ouvre en même temps les rivages du lac à leur utilisation par le public. Bordé par un mur de pierre sensuel et fluide, l'ouvrage erre entre immeubles et paysage.

Il Commonwealth Place a Canberra è sviluppato su un luogo prestigioso all'angolo del Lake Burley Griffin. Un'integrazione attenta e sensibile nell'ambiente, la forma dominante a piatto attira lo sguardo sulle vecchie e nuove Camere del Parlamento dall'altra parte del lago ed allo stesso tempo apre le sponde del lago ad uso del pubblico. Delimitato da una parete di pietra sensuale e fluente, il design si confonde fra costruzione e paesaggio.

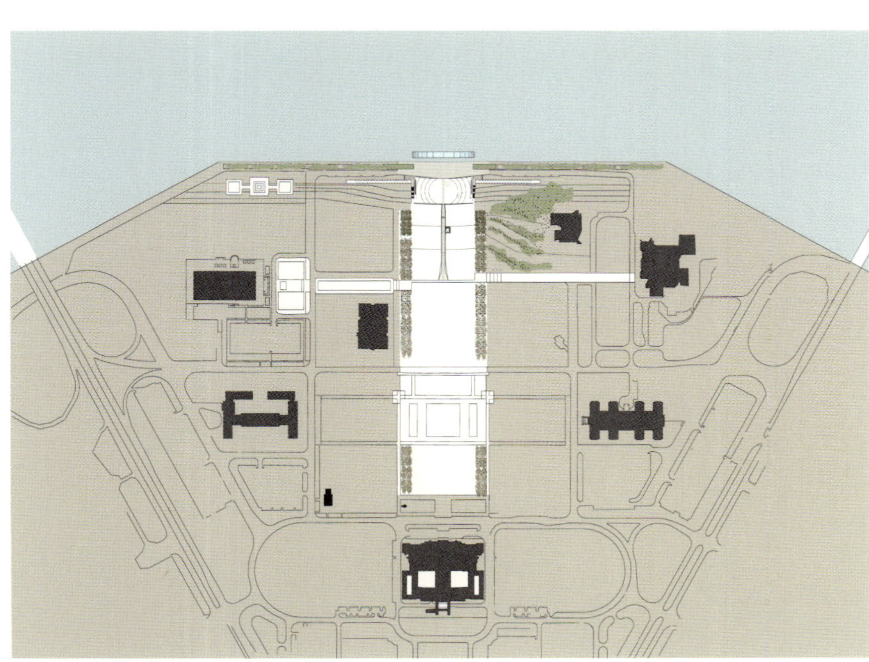

Durbach Block Architects
The Holman House | 2004
Sydney, NSW
Photos: © Brett Boardman

Der Grundriss des Holman House, das am Rand einer 70 Meter hohen Felswand erbaut wurde, lehnt sich an Picassos Gemälde „Badende" an. Inmitten der gewundenen Einfassung, die auf Sonne, Landschaft und Aussicht reagiert, befindet sich eine Reihe von ineinander fließenden Wohnbereichen. Wohn- und Essbereich erheben sich über dem Meer, während das Untergeschoss die Basis aus groben Steinmauern bildet – als Fortsetzung der darunter liegenden Felswand.

On the edge of a 70-meter cliff, the plan of the Holman house refers to Picasso's painting, "The Bather". It contains a complex series of fluid living spaces within a meandering perimeter that arcs and folds in response to the sun, landscape and views. Living and dining areas cantilever over the ocean and the lower floor forms a base built from rough stone walls, an extension of the cliff below.

Al borde de un acantilado de 70 metros, el plano de la casa Holman hace referencia a la obra de Picasso "El bañista". Contiene una compleja serie de espacios fluidos dentro de un perímetro serpenteante que se arquea y dobla respondiendo al sol, al paisaje y la vista. Las sales de estar y el comedor sobresalen sobre el océano, y los pisos inferiores forman una base construida con muros de piedra sin tratar, una extensión del acantilado subyacente.

Sur le bord d'une falaise de 70 mètres, le plan de la maison Holman se réfère au tableau de Picasso « Le baigneur ». Il contient une série complexe d'espaces séjour fluides à l'intérieur d'un périmétre dont les méandres s'incurvent et se replie en réponse au soleil, au paysage et aux différentes vues. Les espaces séjour et repas surplombent l'océan en cantilever et le rez-de-chaussée forme une base construite à partir de murs de pierre peu dégrossies, à titre d'extension de la falaise en dessous.

Sul bordo di una scogliera di 70 metri, la pianta della Casa di Holman si riferisce al quadro di Picasso, "il bagnante". Contiene una serie complessa di spazi abitativi fluidi all'interno di un perimetro serpeggiante che si arca e si piega in risposta al sole, al paesaggio ed ai panorami. Le zone soggiorno e pranzo sporgono sopra l'oceano ed il piano inferiore forma una base fatta di pareti di pietra grossolana, come estensione della scogliera sottostante.

Elenberg Fraser
Huski Lodge | 2005
Falls Creek, VIC
Photos: © Peter Bennetts

Huski Lodge, das mit Boutique, Wellness-Center, Feinkostladen und einem Café ausgestattet ist, hat ganzjährig Saison. Das strahlenförmige Design basiert auf der Geometrie einer Schneeflocke, wodurch der Blick hinunter ins Kiewa-Tal noch optimiert wird. Konkave und konvexe Fensteröffnungen an der Nordfassade unterstreichen die Eigendynamik des Gebäudes, während die raue Holzverkleidung einen Bezug zur ortstypischen Architektur herstellt.

With boutique accommodation, a day spa, gourmet produce store and café, Huski Lodge is accessible throughout the summer and winter. Originating from the study of snowflake geometry, the design is radial, maximizing the steep sloping site's view of the Kiewa Valley. Concave and convex window penetrations along the north façade emphasize the dynamic quality of the building, while the worn timber cladding suggests a link to local building types.

Con tiendas, un spa diurno, una tienda de productos frescos exclusivos y un café, el refugio Huski Lodge está abierto en verano e invierno. Basado en el estudio de la geometría de los copos de nieve, el diseño es radial, lo que maximiza la vista desde el plano empinado del valle de Kiewa. Las ventanas cóncavas y convexas de la fachada norte enfatizan la calidad dinámica del edificio, mientras que el revestimiento de madera sugiere un vínculo con los tipos de construcción locales.

Hébergeant une boutique, un spa où passer la journée, un magasin d'épicerie fine et un café, Husky Lodge est accessible tout l'été et tout l'hiver. S'inspirant de la géométrie des flocons de neige, cette étude est radiale et maximise la vue sur la forte déclivité de la Kiewa Valley. Des fenêtres concaves et convexes le long de la façade Nord mettent en évidence la qualité dynamique du bâtiment, tandis que les bardages en madriers usés suggère un lien avec les types de bâtiments locaux.

Con negozi di moda, un day spa, gastronomie e caffè, l'Huski Lodge è aperto d'estate e d'inverno. Emerso da uno studio della geometria dei fiocchi di neve, il disegno è radiale, risaltando al massimo il profondo panorama della Kiewa Valley. Finestre concave e convesse sulla facciata nord enfatizzano la dinamica dell'edificio, mentre il rivestimento in legno invecchiato suggerisce un richiamo ai tipici edifici locali.

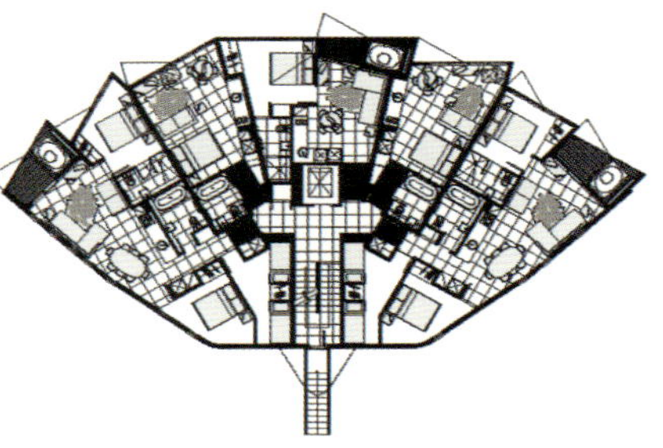

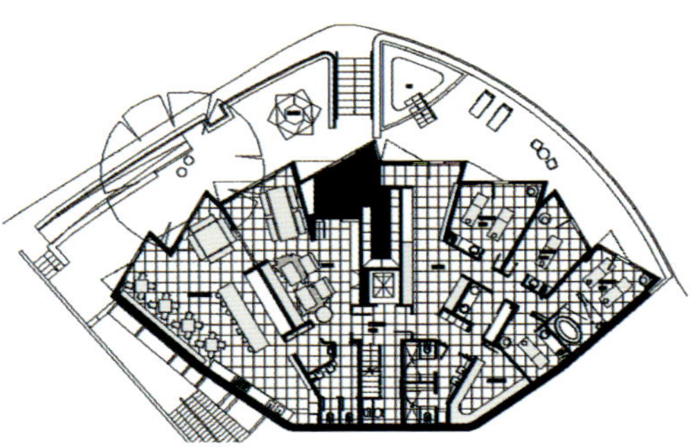

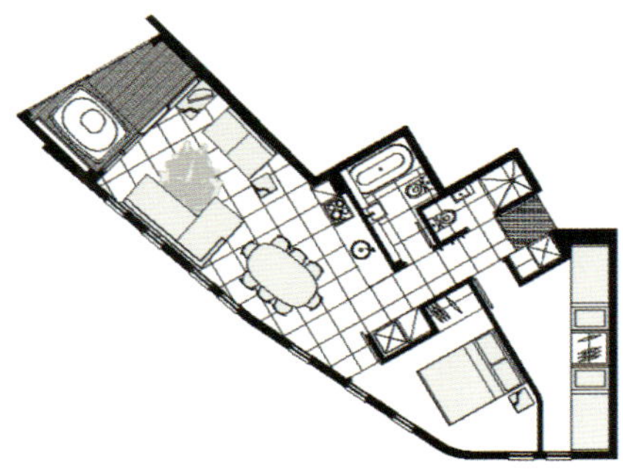

Peter Elliott Architecture + Urban Design
Victoria Law School | 2003
Melbourne, VIC
Photos: © Trevor Mein, John Gollings

Der Umbau des ehemaligen Public Records Office aus dem frühen 20. Jahrhundert machte es erforderlich, den ursprünglich parzellenförmigen Grundriss in die Renovierung mit einzubeziehen und einen einstöckigen Strong Room mit darüber liegender Bibliothek anzubauen. Der Haupteingang orientiert sich nun wieder nach dem zentralen Innenhof, in dem neu errichtete Treppen und ein Aufzug den vertikalen Zugang zu den neuen und alten Gebäuden ermöglichen. Die tiefen Furchen in der Bibliotheksfassade erzeugen die Illusion einer rahmenlosen Form ohne Maßstab und lösen sich in einem Glasvorhang auf, durch den das Tageslicht hereinfließt.

Adapting the early 20th century former Public Records Office involved renovation around the original cellular floor plan, plus the addition of a single-story Strong Room with library above. The main entry is re-focused to the central courtyard where new steps and lift allow vertical access to new and old buildings. Deep furrows in the library façade create an illusion of scaleless form, dissolving into a glass curtain that lets daylight and views in.

La adaptación de la antigua Oficina de Registro Público de principios del siglo XX significó renovar espacios alrededor del plano celular original y agregar una sala (Strong Room) en un nivel con una biblioteca arriba. La entrada principal se reorientó hacia el jardín central, en el que una nueva escalera y un ascensor permiten el acceso vertical a los edificios antiguos y nuevos. Los surcos profundos de la fachada de la biblioteca crean la ilusión de una forma sin escala que se disuelve en una cortina de vidrio que permite el ingreso de la luz natural y el paisaje.

Adapter ces anciennes archives publiques du début du 20e siècle a impliqué de rénover tout autour du plan du sol alvéolaire d'origine, et d'ajouter une chambre forte sur un étage avec bibliothèque au-dessus. L'entrée principale est recentrée sur la cour centrale où de nouvelles marches et un ascenseur offrent un accès aux bâtiments nouveaux et anciens. Les sillons profonds dans la façade de la bibliothèque créent une illusion de forme sans échelle, de dissolution dans un rideau de verre laissant entrer la lumière diurne et les regards.

Adattando il precedente Public Records Office dei primi dello scorso secolo, l'originale pianta cellulare è stata rinnovata, oltre all'aggiunta dello Strong Room su un piano ed una biblioteca al di sopra. L'entrata principale è rivolta alla corte centrale dove nuove scale e ascensori permettono di accedere sia ai nuovi che ai vecchi edifici. Profondi solchi nella facciata della biblioteca creano l'illusione di una forma priva di scale, dissolvendosi in una tenda di vetro che lascia entrare la luce del giorno e gli sguardi.

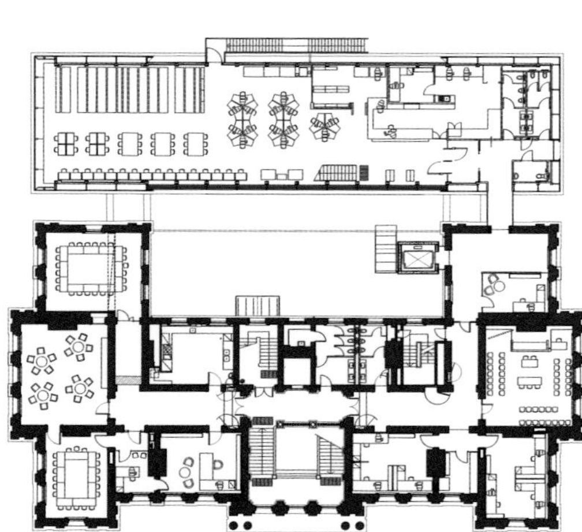

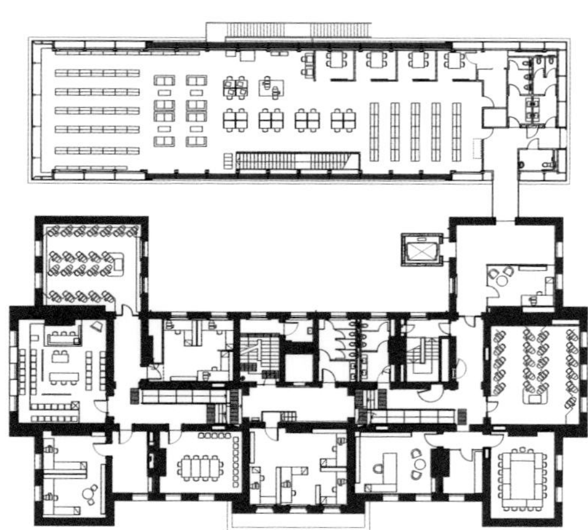

24 Hour
Access
Required
Tow Away Zone
MAX 2M

fjmt Francis-Jones Morehen Thorp, Hassell
Edith Cowan University, Chancellery and School of Business | 2004
Perth, WA
Photos: © John Gollings

Die Fußgängerzone „Campus West“ der Edith Cowan University umfasst die Kanzlei, die betriebswirtschaftliche Fakultät und die Grünflächen der Universität entlang der Campusachse und zur Innenstadt hin. Die Formen, Materialien und Merkmale der auf einer sanften Anhöhe zwischen Buschland und Eukalyptusbäumen neu errichteten Gebäude haben einen direkten Bezug zur Landschaft. Genauso wichtig ist der städtische Bezug dieses Ortes als Katalysator für einen zukünftigen Campus aus öffentlichen Flächen, die sich symbolisch öffnen.

The "Campus West" precinct of Edith Cowan University includes the Chancellery, Business School and University Lawn designed along the campus axis and opening to the city. On a gentle rise among bushland and eucalyptus, the forms, materials and character of the new buildings draw directly from this landscape. Equally important is the site's urban focus, a catalyst for a dense future campus of symbolically open public spaces.

El sector conocido como "Campus West" de esta Universidad incluye tres edificios, Chancellery, Business School y University Lawn, que fueron diseñados a lo largo del eje de la ciudad universitaria y se abren hacia la ciudad. Sobre una leve elevación rodeada de montes y eucaliptos, las formas, los materiales y el carácter de estos nuevos edificios se inspiran directamente en el paisaje. Igualmente importante es el marcado tenor urbano del lugar, un catalizador de una ciudad universitaria futura más densa y abierta simbólicamente a los espacios públicos.

L'aile « Campus West » de l'Université Edith Cowan comprend la Chancellerie, l'École de Commerce et la Pelouse de l'Université conçus le long de l'axe du campus et s'ouvrant vers la ville. Sur un terrain en pente légère, entouré de taillis et d'eucalyptus, les formes, matériaux et le caractère des nouveaux bâtiments s'inspirent de ce paysage. Tout aussi importante est la focalisation urbaine du site, catatylsateur d'un campus futur dense formé d'espaces publics symboliquement ouverts.

L'area "Campus West" dell'Edith Cowan University include la Chancellery, la Business School e il prato dell'University che lungo l'asse del campus si apre verso la città. Su una dolce collina tra bushland ed eucalipto, le forme, i materiali e il carattere dei nuovi edifici prendono spunto direttamente da questo paesaggio. Il punto prospettico urbano del sito è ugualmente importante, un catalizzatore per un futuro campus ricco di spazi pubblici simbolicamente aperti.

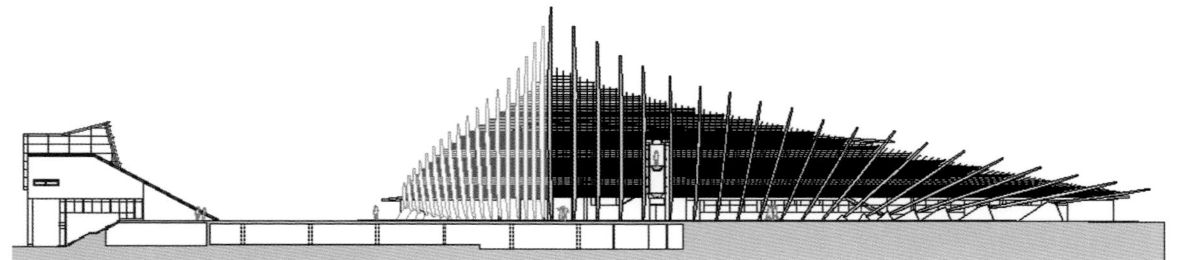

Hassell
Adelaide Oval Eastern Works | 2003
Adelaide, SA
Photos: © Steve Rendoulis

Die Errichtung des neuen Stadions beinhaltete drei Haupttribünen, eine Videoleinwand, großzügige Erneuerungen, Lagerräume, eine betriebliche Infrastruktur sowie die Erweiterung der öffentlichen „Außenanlage“ durch eine Parklandschaft. Das Projekt wurde innerhalb kürzester Zeit unter Verwendung eines 3D-CAD-Modells realisiert, das eine zeitsparende Koordination und eine elegant wirkende, transluzente Konstruktion ermöglichte.

Adelaide Oval's new stadium development includes the addition of three grandstands, video replay screen, an extensive update of amenities, storage and operational infrastructure and the extension of the public "outer" area with landscaped parkland. The project was designed and built within a very limited time frame, with the use of 3D CAD modeling essential in providing timesaving coordination and an elegantly translucent structure.

El nuevo estadio Oval de Adelaide incluye tres tribunas nuevas, pantalla de video para repeticiones, una gran ampliación de la infraestructura de servicios, almacenamiento y operaciones, y la extensión del área pública "externa" con estacionamiento con jardines. El proyecto fue diseñado y construido en un plazo muy limitado, empleando modelos 3D generados por ordenador que fueron esenciales para asegurar una coordinación rápida y una estructura elegantemente translúcido.

Le développement du nouveau stade ovale d'Adélaïde comprend l'ajout de trois grandes tribunes, d'un écran de rediffusion, une modernisation extensive des équipements collectifs, une infrastructure de stockage et d'opérations, plus l'extension de la zone publique extérieure avec un espace parking paysagé. Le projet a été conçu et réalisé dans un créneau de temps très étroit, en recourant à la MAO 3D, laquelle a joué un rôle essentiel (gain de temps du fait de la coordination) et donné une structure d'une élégante translucide.

Lo sviluppo del nuovo stadio Adelaide Oval include l'aggiunta di tre tribune, uno schermo video, un vasto aggiornamento delle zone di servizio, di deposito e delle infrastrutture e l'ampliamento dell'area "esterna" pubblica con un'area parcheggio immersa nel paesaggio dei giardini. Il progetto è stato disegnato e costruito in tempi brevissimi, con l'uso di modelli 3D CAD, essenziali per ottenere un coordinamento snello ed una struttura elegantemente traslucido.

THE CHAPPELL STANDS
LG
EnergyAustralia
Coca-Cola

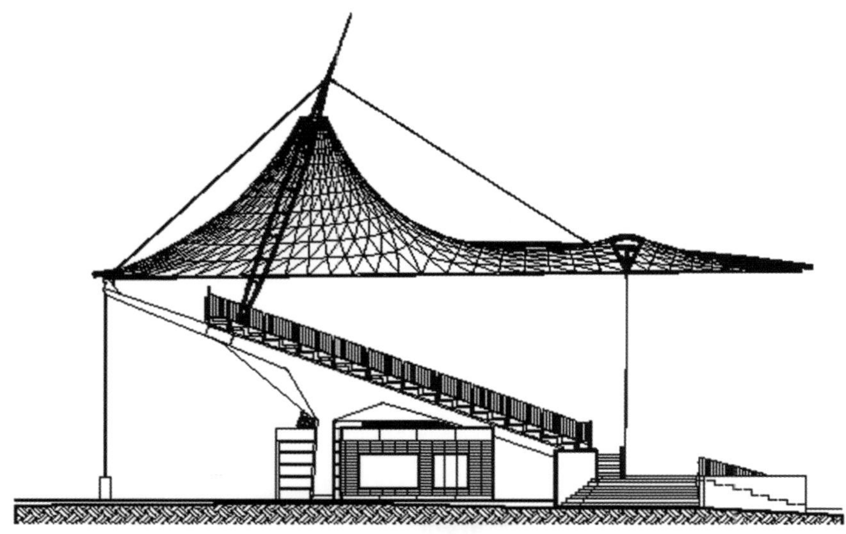

KIOSK
KIOSK

Drew Heath
Cypress House | 2004
Stradbroke Island, QLD
Photos: © Brett Boardman

Auf einem sandigen Abhang auf Stradbroke Island in Queensland wurde ein kleines Ferienhaus in eine Reihe von Pavillons aufgeteilt. Dieser Pfad mit dem darauf befindlichen Haus windet sich unter einem Baldachin aus einheimischen Pflanzen die Düne hinunter. Die zum Schlafen, Essen und Wohnen konzipierten Pavillons liegen abseits des Pfades; die Balkenkonstruktion aus Zypressenholz rahmt einen künstlich angelegten Wald ein und dient als Stütze für den breiten Baldachin. Bewegliche Paneele sorgen für Ausblicke und Belüftung.

A small vacation house on Queensland's Stradbroke Island is broken up into a series of pavilions stepping down a sandy site. Creating a path, with the house on it, it winds down the dune under a canopy of native vegetation. Pavilions for sleeping, eating and living hang off the path, the cypress pine post and beam construction framing a man-made forest and holding up the expansive canopy. Operable infill panels mediate views and breezes.

Una pequeña casa de vacaciones de Stradbroke Island, Queensland, se divide en una serie de pabellones que avanzan sobre un terreno arenoso. Creando un sendero que contiene la casa, el proyecto va descendiendo por la duna bajo un toldo de vegetación nativa. Los pabellones para dormir, comer y vivir sobresalen del sendero, y la construcción de postes y vigas de ciprés forma un bosque artificial que sostiene el amplio toldo. Paneles ajustables sirven para interactuar con la vista y la brisa.

Cette petite maison de vacances sur l'île de Stradbroke dans l'État du Queensland est partagée en un ensemble de pavillons descendant progressivement ce site sablonneux. Un sentier avec la maison dessus se tortille vers le bas de la dune sous une canopée de végétation locale. Des pavillons servant de chambres à coucher, de salles à manger et de salles de séjour s'égrènent sur le chemin, la structure faite de poteaux et poutres en cyprès encadrant une forêt créée par l'homme et soutenant la vaste canopée. Des panneaux mobiles modulent les vues et la brise.

Una piccola casa di vacanza sull'isola di Stradbroke del Queensland è frazionata in una serie di padiglioni che scendono sulla spiaggia. Generando un percorso, con la casa su esso, si avvolge giù per la duna sotto un baldacchino di vegetazione naturale. Padiglioni per dormire, mangiare e vivere si susseguono sul sentiero, dove le costruzioni di legno di cipresso incorniciano una foresta piantata dall'uomo e l'esteso baldacchino.

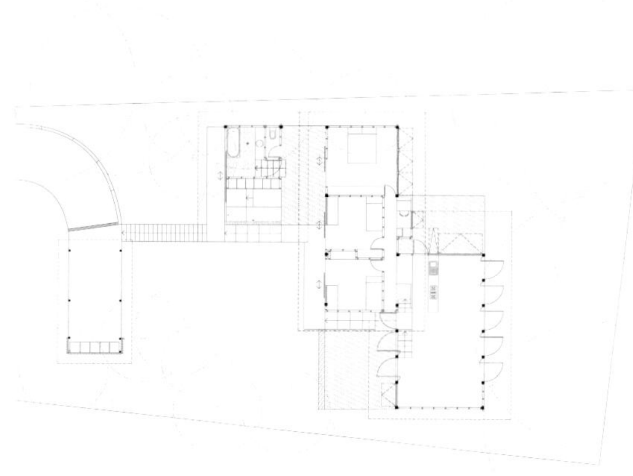

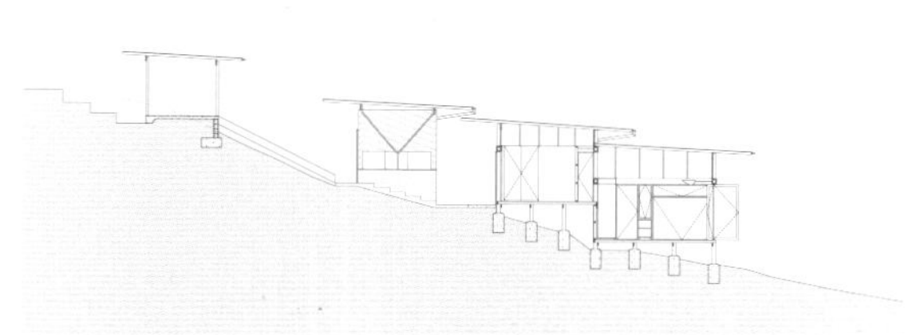

Donovan Hill
N House | 2004
Brisbane, QLD
Photos: © Jon Linkins, Alex Chomicz

Das N House ist sehr anpassungsfähig: Die abgeteilten Privaträume wurden zum Wohnen und Arbeiten von zu Hause aus entworfen. Der Hauptwohnbereich ist in das Haus „eingebettet" und öffnet sich nach Norden hin, während der Außenraum die doppelte Höhe aufweist, das von Norden einfallende Tageslicht auffängt und als Lichtfilter für die Küche und den Raum im Obergeschoss dient. Kletterpflanzen, Holzvertäfelungen und Buntglas schaffen eine Atmosphäre, die sich je nach Tages- und Jahreszeit ändert.

The N House is designed for adjustment: Shared dwelling and working from home are accommodated by autonomous private spaces. The main indoor room is "embedded" in the site and opens north, while the outdoor room is double height, gathering northern light and acting as a filtering lantern for the kitchen and private room above. Climbing plants, timber screening and colored glass shape an atmosphere that changes with time of day and year.

La casa N está diseñada para adaptarse. El uso del hogar como vivienda y oficina se combina sin problemas por medio de espacios privados autónomos. El principal espacio interior está "empotrado" en el terreno y se abre hacia el norte, mientras que el espacio externo tiene el doble de altura, lo que le permite acaparar la luz del norte y funcionar como farol de filtro para la cocina y la habitación privada superior. Plantas trepadoras, persianas de madera y vidrios de color logran una atmósfera que cambia con las diferentes horas del día y estaciones del año.

La N House a été dessinée pour l'adaptation : les espaces partagés de résidence et de télétravail sont hébergés dans des zones privés autonomes. La pièce intérieure principale a été « nichée » dans le site et s'ouvre vers le Nord, tandis que la pièce en plein air, à double hauteur, capte la lumière du Nord et sert de lanterne filtrante à la cuisine et à la pièce privée située au-dessus. Des plantes grimpantes, un écran de bois et des vitrages colorés créent une atmosphère changeante au fil de la journée et de l'année.

La N House è stata progettata per adattamento: l'unione tra dimora ed il lavoro da casa è accomodata dagli spazi privati autonomi. La stanza interna principale è collocata nel sito e si apre verso il nord, mentre la stanza esterna è di doppia altezza, catturante la luce del nord e funzionante come lanterna di filtrazione per la cucina e la stanza privata di sopra. Piante rampicanti, schermi di legno e vetro colorato creano un'atmosfera che si altera con le ore del giorno e la stagione.

Johnson Pilton Walker
Abbotsleigh Research Centre | 2006
Sydney, NSW
Photos: © Courtesy Johnson Pilton Walker

Das Abbotsleigh Research Centre befindet sich zwischen zwei Häusern aus den zwanziger Jahren und harmoniert mit deren Geometrie, Maßen, Materialien und der Umgebung, während es gleichzeitig seine eigene moderne Sprache spricht. Der Neubau des Forschungszentrums beherbergt Einrichtungen für Studenten und Mitarbeiter. Diese verleihen, zusammen mit einer Bibliothek mit integrierten Studien- und Unterrichtsräumen, speziellen Archiv- und Lagerräumen sowie einer beeindruckenden Außenanlage für Lehrzwecke und gesellige Aktivitäten, dem Universitätsgelände einen neuen Mittelpunkt.

The Abbotsleigh Research Centre is situated between two houses built in the 1920s, and responds to their geometry, scale, materials and landscape, whilst creating a contemporary language of its own. The new building provides facilities for students and staff, including a library with integrated study and teaching spaces, dedicated archives and storage spaces, and a significant outdoor social and teaching area that gives new focus to the campus.

El Centro de Investigación Abbotsleigh está situado entre dos casas construidas en la década de 1920 y responde a su geometría, escala, materiales y jardines, creando, al mismo tiempo, un lenguaje contemporáneo propio. El nuevo edificio proporciona salas para estudiantes y personal, incluyendo una biblioteca con espacios de estudio y aulas integradas, archivos y espacios de almacenamiento dedicados, y una importante área externa de distensión y estudio que le brinda un nuevo carácter al centro.

Le Centre de Recherche Abbotsleigh est situé entre deux maisons construites dans les années 1920. Il reprend leur géométrie, leur échelle, leurs matériaux et leur environnement tout en créant un langage contemporain propre. Le nouveau bâtiment contient des locaux pour les étudiants et le personnel, il héberge une bibliothèque avec espaces de consultation et d'enseignement intégré, des archives spécialisées et un volume de rangement ; un espace collectif et d'enseignement en plein air offre une nouvelle vue sur le campus.

L'Abbotsleigh Research Centre è situato tra due case costruite nel 1920 e risponde alla loro geometria e dimensione, ai materiali e il paesaggio, creando un contemporaneo linguaggio proprio. Il nuovo edificio fornisce impianti per studenti e lo staff, includendo una libreria con spazi per lo studio e l'insegnamento integrati, archivi speciali e magazzini. Non manca una significativa area esterna per l'incontro e l'insegnamento che da un nuovo baricentro al campus.

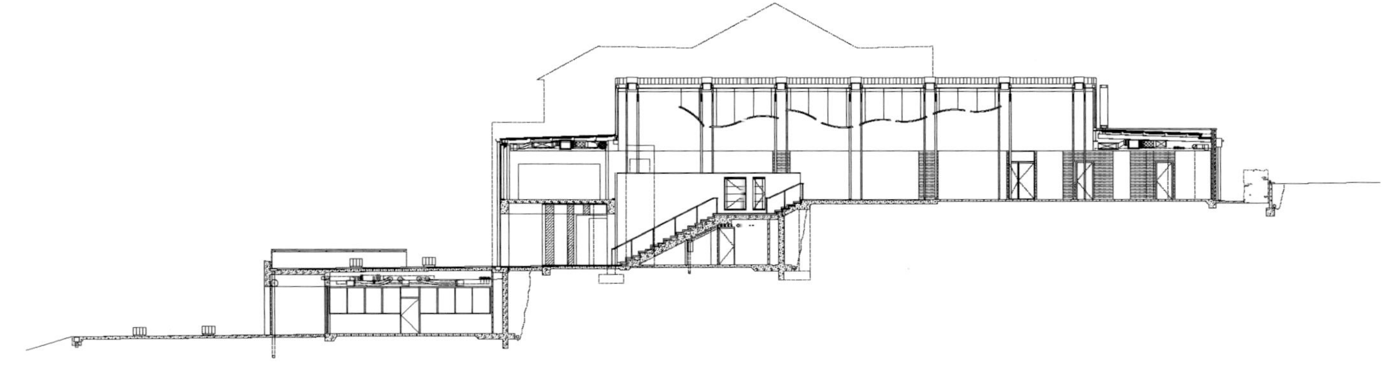

CECILY
NEWMAN
1944-1952
MADDY
CHAPMAN
1997-2006

Lippmann Associates
Butterfly House | 2005
Dover Heights, NSW
Photos: © Willem Rethmeier

Das Butterfly House mit Blick auf den Hafen von Sydney folgt den Feng-Shui-Richtlinien und weist demzufolge keine geraden Linien auf. Das Haus ist eine Komposition aus Beton, Stahl und Glas; es besteht aus zwei separaten, untereinander abhängigen „Flügeln". Ihre doppelten Kurvenformen winden sich um Eingang und Treppenhaus, das die sechs Halbgeschosse des Hauses miteinander verbindet, eine leichte Unebenheit des Grundstücks ausgleicht und ein Höchstmaß an Sonnenlicht und Ausblicken gewährt.

Overlooking Sydney Harbor, the Butterfly house follows Feng Shui principals of no straight lines. The building is a composition of concrete, steel and glass, the design consisting of two separate and interdependent "wings". Their double curved forms pivot around a central entry and stairwell that connects six split levels through the house, and relates to a gentle fall across the site maximizing sun and views.

Con vista al puerto de Sydney, la casa Butterfly sigue los principios del Feng Shui de no tener líneas rectas. El edificio es una composición de hormigón, acero y vidrio, y el diseño incluye dos "alas" separadas e interdependientes. Sus formas doblemente curvadas giran alrededor de una entrada y escalera central que conecta seis niveles separados de la casa, y se relaciona con un leve declive del terreno que maximiza la luz solar y la vista.

Surplombant le port de Sydney, la Maison Papillon reprend les principes Feng Shui, négateurs de la ligne droite. Cet édifice est une composition en béton, en acier et en verre, il a été conçu sous la forme de deux « ailes » séparées mais interdépendantes. Leurs formes en double incurvation pivotent autour d'une entrée centrale et une cage d'escaliers connectant les six niveaux partagés à travers la maison, et établissent la liaison avec la légère pente du site pour maximiser l'exposition solaire et la vue.

Con la vista sul Sydney Harbor, la casa Butterfly segue il principio del Feng Shui di non avere linee rette. La costruzione è una composizione di cemento, acciaio e vetro, il design consiste in due "ale" separate ed interdipendenti. Le loro doppie forme curve imperniano intorno ad un'entrata e ad una scala centrale che collega sei livelli separati della casa e si riferisce ad una delicata cascata attraverso la costruzione, permettendo di lasciar entrare il sole e creando panorami.

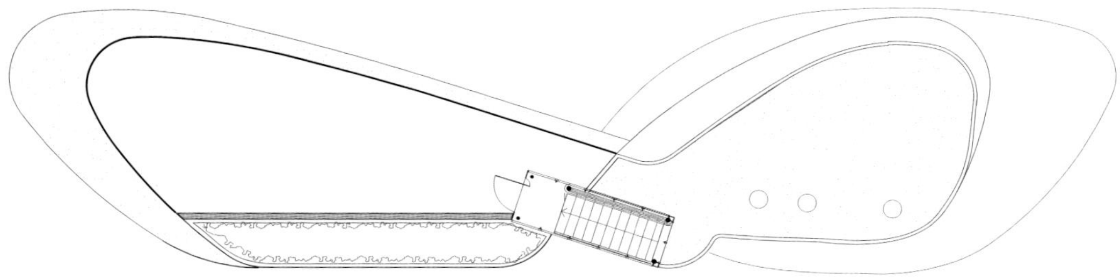

Lyons
Ecolinc, Science Technologies Innovation Centre | 2004
Bacchus Marsh, VIC
Photos: © John Gollings

Das Ecolink Science and Technologies Centre ist ein Vielzwecklabor und eine öffentliche Wertstoffanlage, die das Umweltbewusstsein bei Schülern fördern soll. Mit seinem natürlichen Kühl- und Belüftungssystem, der „Hot-Box-Heizung", den Thermodecken und -wänden, einer Auffanganlage für Regenwasser sowie der natürlichen Beleuchtung, stellt das Zentrum für Schüler ein ausgezeichnetes Anschauungsbeispiel für die umweltgerechte Ausstattung des Gebäudes und das Ökosystem der angrenzenden Sumpfgebiete dar.

The Ecolink Science and Technologies Centre is a multipurpose laboratory and open-access resource facility that promotes excellence in environmental science for secondary school students. With natural cooling and ventilation, "hotbox heating", thermal mass ceiling and walls, rainwater harvesting and natural lighting, students monitor the building's environmental performance together with ecosystems in the adjacent wetland.

El Centro Ecolink de Ciencia y Tecnología es un laboratorio multipropósito y un centro de información de acceso abierto, orientado a los alumnos de la escuela secundaria, que promueve la excelencia en la ciencia de la preservación del medio ambiente. Con refrigeración y ventilación natural, calefacción "hotbox", techo y paredes de masa térmica, recolección y almacenamiento de aguas pluviales e iluminación natural, el edificio permite que los alumnos controlen su rendimiento ambiental junto con los ecosistemas de los pantanos adyacentes.

L'Ecolink Science and Technologies Centre est à la fois laboratoire polyvalent et centre de ressources librement accessible aux lycéen(ne)s, destiné à promouvoir l'excellence en sciences de l'environnement. Il est équipé d'un refroidissement et d'une ventilation naturels, d'un « chauffage à boîte chaude », de plafonds et murs à masse thermique, il collecte la pluie et profite de l'éclairage naturel ; les élèves surveillent ses performances environnementales et celles des écosystèmes humides adjacents.

L'Ecolink Science and Technologies Centre è un laboratorio multiuso attrezzato ad accesso libero che aiuta studenti delle medie superiori ad ottenere risultati eccellenti nella scienza ambientale. Con un sistema naturale di raffreddamento e ventilazione, il cosiddetto "hotbox heating", tetti e pareti costruiti in massa termale, raccolta delle acque pluviali ed illuminazione naturale, gli studenti osservano le prestazioni ambientali dell'edificio, insieme all'ecosistema delle adiacenti zone umide.

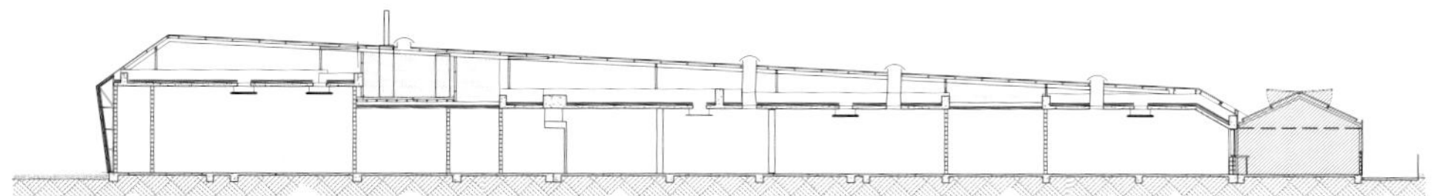

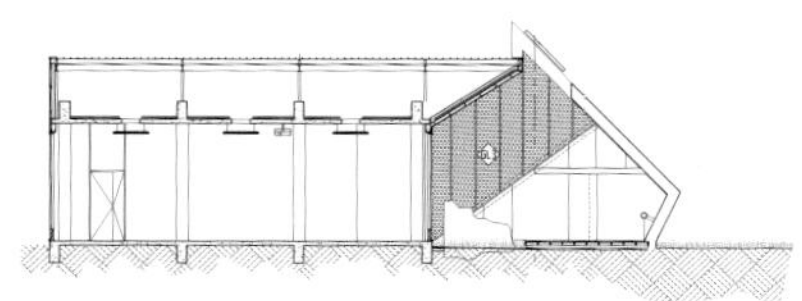

EXIT
EXIT

ecolinc

Lyons
DPI Queenscliff Centre | 2004
Queenscliff, VIC
Photos: © John Gollings

Die Meeresforschungseinrichtung DPI Queenscliff widmet sich der Aquakultur und der Überwachung der Fischbestände und beherbergt außerdem ein öffentliches Informationszentrum. Das Gebäude, dessen flacher Grundriss die Fluthöhe entlang der Bucht markiert, spiegelt die Eigenschaften wider, die es für seine Umwelt besitzt. Die umgebende Natur erstreckt sich bis über das Dach hinaus und wird dadurch zu einer natürlichen Isolationsmasse, während die Architektur dem Institut seine eigene, ausgeprägte Identität verleiht.

The DPI Queenscliff marine research facility accommodates aquaculture and management of fish resources, along with a public interpretive center. The building reflects the site's environmental qualities, with a low profile plan marking high tide along the bay. The landscape wraps up and over the roof, providing an insulating thermal mass, while the architectural expression creates a strong identity for the Institute.

El centro de investigación DPI Queenscliff aloja las actividades de acuacultura y gestión de recursos pesqueros, así como un centro de información pública. El edificio refleja las cualidades ambientales del lugar con un plano de perfil bajo que marca la marea alta a lo largo de la bahía. El paisaje envuelve y cubre el techo, proporcionando una masa térmica aislante, mientras que la expresión arquitectónica le brinda una fuerte identidad al Instituto.

Ce centre de recherche marine héberge une activité d'aquaculture et la gestion des ressources en faune marine, ainsi qu'un centre ouvert au public. Le bâtiment reflète les qualités environnementales du site, avec un plan à profil bas marquant les marées hautes le long de la baie. Le paysage l'enveloppe, passe au-dessus du toit, fournissant ainsi une masse thermique isolante, tandis que son expression architecturale confère une puissante identité à cet institut.

Il centro DPI Queenscliff per la ricerca marina accomoda l'acquacultura e la gestione delle risorse ittiche, insieme ad un centro informativo pubblico. L'edificio riflette le qualità ambientali del posto, con un sistema che contrassegna l'alta marea nella baia. Il paesaggio avvolge il tetto, fornendo una massa termale isolante, mentre l'espressione architettonica crea una forte identità per l'Istituto.

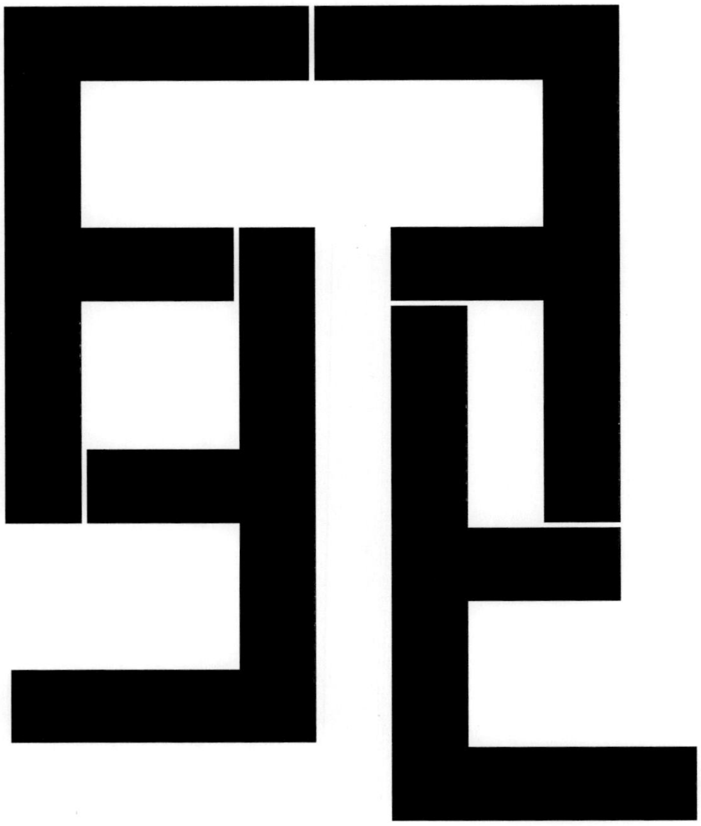

Marsh Cashman Koolloos Architects
White House | 2005
Centennial Park, NSW
Photos: © Willem Rethmeier

Änderungen und Anbauten an ein Haus in Sydney aus der Föderationszeit erforderten den Abriss der angebauten Küche und Waschküche, um Platz für einen neuen Anbau auf der Rückseite zu machen. Die Originalfassade des White House mit verziegeltem Giebel und Balkon wurde restauriert. Dadurch entstand ein Gegensatz zwischen alt und neu. Bei Betreten des ursprünglichen Teils des Hauses öffnen sich die Räume unmittelbar in den neuen Anbau, der im Hausinneren ineinander übergeht und sich außen an das alte Gebäude schmiegt.

Alterations and additions to an existing Federation house in Sydney saw a lean-to kitchen and laundry demolished to make way for a new addition at the rear. The White House's original street façade, including a shingle-clad gable and balcony, was reinstated, creating a sense of ambiguity between old and new. On entering the original part of the house, rooms quickly open into the new addition that flows and extends internally and externally wrapping around the old.

Los cambios y agregados efectuados en una casa de Sydney de la época de la Federación llevaron a la demolición de un lavadero y una cocina de una sola vertiente destinada a hacer lugar para una nueva estructura en la parte posterior. La fachada original de la 'Casa Blanca', incluyendo remate triangular de tablillas y balcón, fue reinstalada, lo que crea una ambigüedad entre lo viejo y lo nuevo. Al ingresar a la parte original de la casa, las habitaciones se abren rápidamente al sector agregado que fluye y se extiende internamente envolviendo la parte antigua.

Les modifications et ajouts apportés à une Federation house existante ont conduit à démolir une cuisine et laverie attenante pour céder la place à un nouvel ajout à l'arrière. La façade sur rue originale de cette Maison Blanche, comprenant un pignon et un balcon bardés d'écailles, a été restaurée pour éveiller un sentiment d'ambiguïté entre l'architecture ancienne et nouvelle. Lorsqu'on pénètre dans la partie originelle de la maison, les pièces s'ouvrent rapidement sur le nouvel ajout qui coule et s'étend, à l'intérieur comme à l'extérieur, et enveloppe la partie ancienne.

Le alterazioni e le aggiunte all'attuale Federation House a Sydney hanno visto distrutta una cucina e lavanderia, per fare posto ad una nuova aggiunta alla parte posteriore. La facciata originale sulla via della White House, compreso un timpano e un balcone rivestiti, è stata reintegrata, generante un senso d'ambiguità fra vecchio e nuovo. Entrando nella parte originale della casa, le stanze si aprono rapidamente verso la nuova aggiunta che fluisce e si estende internamente ed esternamente avvolgendosi intorno al vecchio.

McBride Charles Ryan
Dome House | 2005
Hawthorn, VIC
Photos: © John Gollings

Das Dome House wurde entworfen, um den verschiedenen Lebensphasen einer Familie, einer Einzelperson bzw. einer Einzelperson mit vielen Übernachtungsgästen gerecht zu werden. Das Designkonzept basiert auf der vollkommenen Form einer Kupferkugel, der man nach und nach Teile entnommen hat. Innen hat man das Gefühl mit dem Garten zu verschmelzen, während die durchbrochene Kugelhülle modellierte Öffnungen erzeugt, die ihre Umgebung förmlich aufsaugen und gleichzeitig ausdrucksstarke Innenräume gestalten.

The Dome House is designed to accommodate, at the various stages of its life, a family, a single person, and a single person with large visiting family. The design concept takes a perfect shape, the copper sphere, and selectively removes its parts. Once inside there is the sense of being part of the garden, the fractured spherical shell creating sculpted apertures that drink in the surroundings while forming engaging and expressive interior volumes.

La casa "Dome" fue diseñada para alojar, en las diferentes etapas de su vida, una familia, una sola persona y una persona con una familia grande que la visitaba con frecuencia. El concepto del diseño adopta la forma perfecta, la esfera de cobre, y mueve selectivamente sus partes. Una vez en su interior, se tiene la sensación de formar parte del jardín. El armazón esférico fracturado crea aberturas esculpidas que se nutren de los alrededores, formando volúmenes interiores atractivos y expresivos.

La Dome House a été conçue pour héberger, aux divers stades de leur vie, une famille, une personne seule et une personne seul recevant la visite d'une grande famille. Le concept esthétique a la forme parfaite d'une sphère en cuivre dont on a retiré certaines parties de façon sélective. Une fois à l'intérieur, on a l'impression de faire partie du jardin, la coquille sphérique fracturée créant des ouvertures sculptées qui absorbent les environs tout en formant des volumes intérieurs engageants et expressifs.

Il Dome House è stato disegnato per accomodare nelle varie fasi della vita una famiglia, un single e un single che riceve la visita di una numerosa famiglia. Il concetto del design consiste nella sua perfetta forma, una sfera di rame che selettivamente lascia rimuovere le singole parti. Quando si entra sembra far parte del giardino, una conchiglia sferica fratturata che crea aperture che si confondono con i dintorni, mentre formano volumi interni avvolgenti ed espressivi.

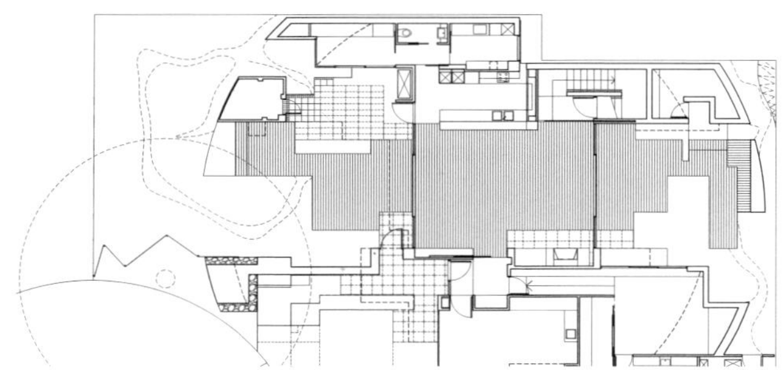

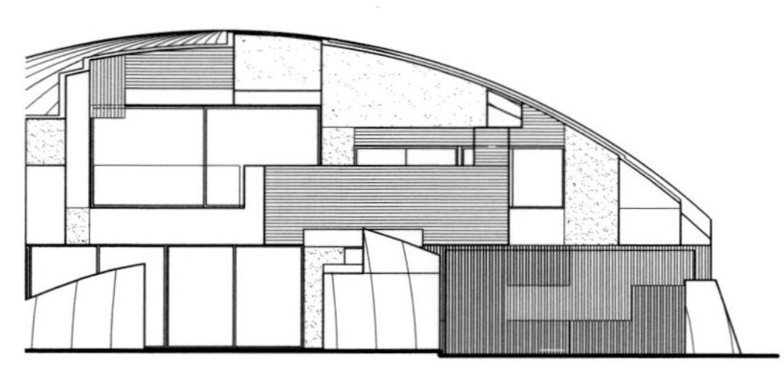

McGauran Soon
New Quay Docklands | 2004
Melbourne, VIC
Photos: © Peter Bennetts

Als Teil der Melbourne Docklands verbinden die New Quays die öffentliche Piazza mit der Promenade und stellen damit das Wasser in den Mittelpunkt der Wohn- und Geschäftsbereiche. Die Gebäude bilden den Gegenpol zu der weitläufigen Fußgängerzone und setzen sich aus zwei Hauptelementen zusammen: einem lichtdurchlässigen „Kern" nach Norden hin und einer „Laterne" aus Stahlgitter, die nach Süden ausgerichtet ist. Der transparente Schirm, der in Zusammenarbeit mit dem Künstler Neil Taylor entworfen wurde, umhüllt jedes der Gebäude und fungiert sowohl als plastisches Kunstwerk als auch verbindendes Element.

Part of Melbourne's Docklands, New Quay anchors the public piazza and the promenade boardwalk, creating a water focus for residential and retail areas. Designed to counterbalance the scale and size of the precinct, buildings are composed of two main elements: a translucent "core" to the north and a steel mesh "lantern" to the south. The transparent screen developed with artist Neil Taylor wraps each building and acts as both sculptural feature and mediator.

Formando parte de la zona portuaria conocida como Docklands de Melbourne, este proyecto abarca una plaza pública y un paseo con acera de madera que, resaltando el agua, enmarcan áreas residenciales y comerciales. Diseñados para compensar la escala y el tamaño del vecindario, los edificios están compuestos por dos elementos principales: un "núcleo" translúcido hacia el norte y un "farol" de malla de acero hacia el sur. Una estructura transparente desarrollada con el artista Neil Taylor envuelve los edificios, y funciona a la vez como escultura y como transición.

Faisant partie du paysage de docks de Melbourne, New Quay ancre la place publique et les trottoirs de la promenade, focalisant ainsi sur l'eau les zones résidentielles et commerciales. Conçus pour faire contrepoids à l'échelle et à la taille des docks, les bâtiments sont composés de deux principaux éléments : un « cœur » translucide vers le Nord et une « lanterne » en mailles d'acier vers le Sud. L'écran transparent développé avec l'artiste Neil Taylor enveloppe chaque bâtiment et officie à la fois de particularité sculpturale et de médiateur.

Parte dei Melbourne Docklands, il New Quay crea l'ancoraggio tra la piazza pubblica e la promenade, generante un baricentro per le zone residenziali e commerciali. Progettato per controbilanciare la dimensione della zona, le costruzioni si compongono di due elementi principali: un nucleo traslucido del "cuore" al nord ed una "lanterna" di rete d'acciaio al sud. Lo schermo trasparente sviluppato insieme all'artista Neil Taylor avvolge ogni costruzione ed agisce sia come scultura che come mediatore.

Telstra Dome
olivebar

Melocco & Moore Architects
Hunters hill | 2005
Sydney, NSW
Photos: © Paul Gosney Photography

Das früher als Pfarrhaus, später dann als Arbeiterunterkunft genutzte Hunters Hill House wurde um einen Neubau erweitert, der sich im rechten Winkel zum bestehenden Gebäude erhebt und im Untergeschoss mit Wohnbereich und Schlafzimmern ausgestattet ist. In einem kleinen Anbau an der Nordfassade des Originalgebäudes ist ein Atelier und ein tief liegendes Elternschlafzimmer untergebracht; eine Terrasse verbindet den alten mit dem neuen Teil. Das neue Gebäude wurde in Leichtbauweise konstruiert und bildet einen Zinkflügel, der konisch in ein Spitzdach ausläuft.

Originally a rectory and then a workers' cottage, this Hunters Hill House now includes a new building that runs perpendicular to the existing cottage with informal living area and bedrooms underneath. A small addition attached to the northern façade of the existing cottage houses a studio and a sunken main bedroom, with a terrace connecting new and old. The new building is lightweight and forms a zinc wing that folds and tapers to a thin roof at its upper reaches.

Originalmente la casa de un párroco y luego un refugio para trabajadores, esta casa ahora incluye un nuevo edificio ubicado en forma perpendicular a la vivienda existente, con una sala informal y dormitorios en la parte inferior. Un pequeño agregado adjunto a la fachada norte de la vivienda antigua aloja un estudio y el dormitorio principal en un nivel inferior, con una terraza que conecta lo nuevo y lo viejo. El edificio nuevo es liviano y forma un ala de cinc que se dobla y termina en un techo delgado en sus límites superiores.

Presbytère à l'origine, devenu ensuite un cottage pour ouvriers, la Hunters Hill House comprend maintenant un nouveau bâtiment disposé perpendiculairement à l'ancien avec un espace de séjour informel et des chambres en dessous. Une petite aile rattachée à la façade Nord du cottage préexistant héberge un studio et une chambre principale à un niveau abaissé, avec une terrasse reliant nouveauté et ancienneté. Le nouvel édifice est une construction légère, en forme de volet hypersustentateur d'avion qui se replie et se termine en toit mince au niveau de limites supérieures.

Originalmente una casa parrocchiale e poi una dimora degli operai, questa Hunters Hill House ora include una nuova costruzione che si gira perpendicolarmente all'esistente casa con una informale zona soggiorno e stanze da letto al di sotto. Una piccola aggiunta alla facciata nord della casetta attuale alloggia uno studio e una camera da letto principale abbassata, con una terrazza che collega il nuovo al vecchio. La costruzione nuova è leggera e forma un'ala zincata che si piega e si affusola verso un tetto sottile nella parte superiore.

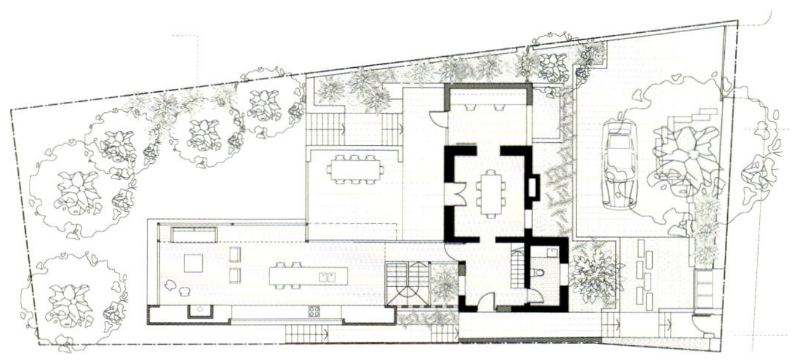

Minifie Nixon Architects
Australian Wildlife Health Centre | 2005
Healesville, VIC
Photos: © Peter Bennetts

Im Gegensatz zu anderen Kliniken kann man in diesem Krankenhaus für verletzte Wildtiere beobachten, was sich „hinter den Kulissen" abspielt. Die dehnbare goldene Struktur der „Costa-Oberfläche" entstand am Computer, um Gegenstände wie z. B. Türen beim Entwurf des Musters zu berücksichtigen. Wenn man die donutförmige Hauptgalerie mit dem verglasten Innenhof betritt, blickt man als Besucher direkt in den Operationssaal und die Nebenräume.

A hospital for the sanctuary's permanent inhabitants and a place for injured wildlife to be received and rehabilitated, unlike other clinics, here "behind-the-scenes" is on show. The gold tensile structure of the "Costa surface" is computer-generated to take objects like doors into account when creating the pattern. On entering the doughnut-like main gallery with a glass-enclosed courtyard inside, visitors look directly into the operating theater and ancillary zones.

Tratándose de un hospital para los habitantes permanentes de la reserva y de un lugar donde se recibe y rehabilita a animales salvajes heridos, a diferencia de otras clínicas, aquí se muestra lo que ocurre detrás de las paredes. La estructura de tracción de la 'superficie Costa' fue generada por ordenador para tomar en cuenta objetos como, por ejemplo, las puertas al crear el modelo. Al entrar a la galería principal, que tiene forma de rosca e incluye un jardín interior rodeado por vidrio, los visitantes pueden ver directamente la sala de operaciones y las zonas auxiliares.

Hôpital pour les habitants permanents du sanctuaire et havre de la faune sauvage blessée à accueillir et soigner. Ici, et à la différence des autres cliniques, c'est « l'activité en coulisses » qui est mise en avant. La structure or élastique de la « Costa Surface » a été générée sur ordinateur pour tenir compte d'objets comme les portes au moment de créer le motif. Au moment d'entrer dans le corridor principal en forme de doughnut, avec cour en enceinte vitrée, les visiteurs peuvent directement observer le théâtre des opérations et les zones annexes.

In quest'ospedale per gli abitanti permanenti del santuario che funge anche come centro per accogliere e curare animali selvaggi feriti, diversamente da altre cliniche, qui si vede "dietro alle quinte". La struttura flessibile in color oro del "Costa surface" è stata generata con il computer, tenendo conto di singoli oggetti come le porte quando si è creato il modello. Entrando nella galleria principale che somiglia ad una ciambella, con un cortile interno chiuso con vetrate, i visitatori guardano direttamente nelle sale operatorie e le zone ausiliarie.

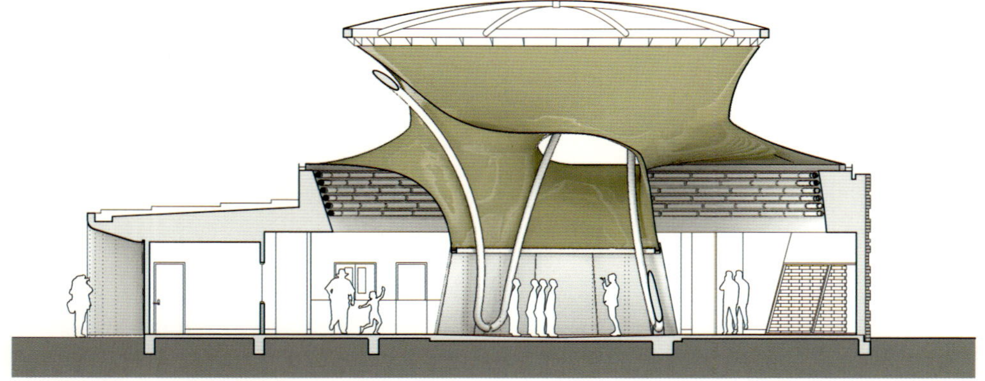

Ian Moore Architects
Air Tower | 2005
Broadbeach, QLD
Photos: © Rocket Mattler

Der 37-stöckige Air Tower an der Gold Coast von Queensland besitzt drei Hauptmerkmale: eine schwebende, zweistöckige, horizontale Fläche mit großzügigen Penthouse-Wohnungen auf zwei Ebenen, einen großen, rautenförmigen Turm nach Osten hin und einen kleinen, rechteckigen Satellitenturm nach Westen hin – alle drei verbunden durch die bauliche Struktur. Die Materialien und Oberflächen spiegeln die verschiedenen Aspekte der jeweiligen Baumerkmale wider und das Gebäude verfügt über eine umweltgerechte Energieversorgung.

The 37-story Air Tower on Queensland's Gold Coast features three key elements: a hovering two-story horizontal bar containing large two-level penthouse apartments, a large lozenge-shaped tower to the east and a small rectangular satellite tower to the west, all linked together by the lift core or structural spine. Materials and finishes reflect the different aspects of each elevation, and the building employs passive environmental strategies.

La Air Tower de 37 pisos, ubicada en la Costa Dorada de Queensland, incluye tres elementos particulares: un bar horizontal colgante de dos pisos que contiene departamentos tipo penthouse sobre dos pisos de gran tamaño, una gran torre con forma de rombo hacia el este y una pequeña torre rectangular satelital hacia el oeste. Todos estos elementos están unidos por el núcleo de ascensores o médula estructural. Los materiales y terminaciones reflejan los diferentes aspectos de cada elevación y el edificio emplea estrategias ambientales pasivas.

L'Air Tower, une tour de 37 étages sur la Gold Coast du Queensland, présente trois éléments clés : un bar planant à l'horizontale, sur deux étages, avec deux grandes penthouses en duplex, une grande tour losangée vers l'Est et une petite tour satellite rectangulaire vers l'Ouest, tous reliés par l'âme ou structure vertébrale que constitue la cage d'ascenseur. Les matériaux et les finitions reflètent les différents aspects de chaque hauteur, le bâtiment recourt à des stratégies environnementales passives.

L'Air Tower alto 37 piani sulla Queensland's Gold Coast presenta tre elementi chiave: un bar galleggiante su due piani con larghi appartamenti penthouse su due piani, una grande torre a forma di rombo all'Est ed una piccola e rettangolare torre satellite verso Ovest, tutte collegate dall'ascensore a struttura spinosa. I materiali e le rifiniture riflettono i diversi aspetti di ogni elevazione e l'edificio impiega strategie ambientali passive.

Ian Moore Architects
Cohen House and Studio | 2005
Sydney, NSW
Photos: © Rocket Mattler

Das Cohen-Haus und Studio wurde in den Außenmauern einer Industrielagerhalle aus den 50-er Jahren erbaut und liegt am Ende einer Straße, direkt an eine haushohe Sandsteinklippe angrenzend. Das Studio befindet sich im Erdgeschoss, darüber liegt der Wohnbereich mit offener Küche, der nach Norden und Süden hin mit Dachterrassen verbunden ist. Im Dachgeschoss sind zwei Schlafzimmer und ein Arbeitszimmer untergebracht. Sämtliche Räume blicken auf den Sandsteinfelsen – entweder direkt oder als Reflektion in den Badezimmerspiegeln.

Built within the shell of a 1950s light industrial shed, the Cohen house and studio are located at the end of a street, hard against a three-story high sandstone cliff. On ground is the studio, above the living area, with open kitchen linked to roof terraces to the north and south, and two bedrooms and a study at the top. All spaces were designed with views of the cliff face, either directly or reflected through the bathroom mirrors.

Construida dentro de la estructura de una barraca industrial liviana de la década de 1950, la casa y estudio Cohen se ubican al final de una calle, contra un acantilado de arenisca de tres pisos de altura. En la planta baja está el estudio y en la parte superior la vivienda, con una cocina abierta vinculada a terrazas que dan al norte y al sur, y dos dormitorios y otro estudio en el último piso. Todos los espacios fueron diseñados con vista a la cara del acantilado, ya sea directamente o por medio del reflejo de los espejos del baño.

Construite dans l'enveloppe d'un petit hangar industriel remontant aux années 1950, la maison et le studio Cohen sont situés à l'extrémité d'une rue, attenants à une falaise de grès haute de trois étages. Au rez-de-chaussée se trouve le studio, au-dessus l'espace séjour avec cuisine ouverte communiquant avec les terrasses du toit au nord et au sud, et avec deux chambres et un bureau complètement en haut. Tous les espaces ont été conçus avec des vues sur la paroi de la falaise, soit directes, soit reflétées par les miroirs de la salle de bain.

Costruito all'interno di un capannone d'industria leggera degli anni '50, il Cohen House e studio si trovano in fondo ad una strada, sul pendio di una scogliera di pietra arenaria alta tre piani. Al pian terreno si trova lo studio, al di sopra la zona soggiorno con una cucina aperta che si collega alle terrazze sul tetto verso nord e sud e due stanze da letto con uno studio sull'ultimo piano. Tutte le stanze sono state disegnate con vista panoramica sulla facciata della scogliera, o direttamente o di riflesso negli specchi della stanza da bagno.

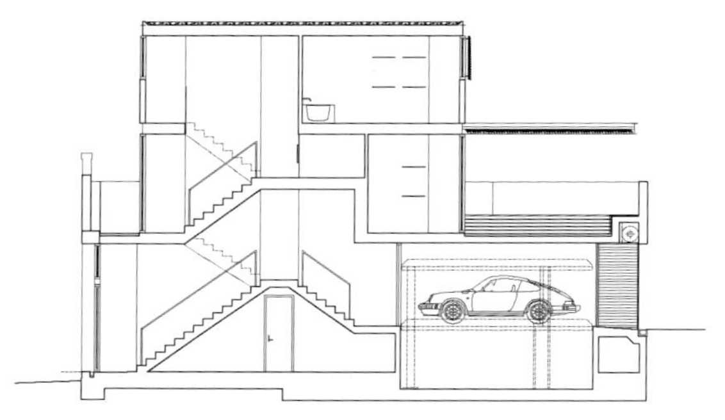

NO
STANDING

Morris-Nunn and Associates
EcoCentre | 2002
Scottsdale, TAS
Photos: © Chris Wilson

Das EcoCentre wird als Meilenstein in der Entwicklung zeitloser Architektur angesehen und besteht aus zwei ineinander liegenden Gebäuden. Der äußere Kegelstumpf kontrolliert die Wärme im inneren Bürobereich, die Extrafläche im Erdgeschoss bietet Raum für Innenbepflanzung, Empfang, Meetings und ein Café. Das Gebäude weist nur den halben Energieverbrauch eines typischen Hochhauses auf und wurde mit einem ebenso sparsamen Budget erbaut.

Regarded as a landmark in the development of sustainable architecture, the EcoCentre is two buildings, one inside the other. The outer truncated cone controls the thermal environment in the inner office core building and the extra space created on the ground level provides areas for internal planting, reception, meeting and café. The project has only half the ongoing energy consumption of a standard commercial office building and was also less expensive to construct.

Considerado un hito en el desarrollo de la arquitectura sostenible, el EcoCentre está formado por dos edificios, uno dentro del otro. El cono truncado externo controla el ambiente térmico del cono interno de oficinas, y el espacio adicional generado en la planta baja proporciona áreas de jardín interior, recepción, encuentro y café. El edificio ahora utiliza la mitad de la energía de una torre convencional y fue construido con un presupuesto equivalente.

Considéré comme un repère dans le développement d'une architecture pérenne, l'EcoCentre, est en fait composé de deux bâtiments, l'un à l'intérieur de l'autre. Le cône tronqué extérieur contrôle l'environnement thermique dans l'immeuble « cœur » hébergeant des bureaux, et le supplément d'espace créé au rez-de-chaussée laisse de la place aux plantes, à la réception, aux réunions et au café. Ce bâtiment consomme moitié moins d'énergie qu'une tour typique et a été construit avec un budget équivalent.

Considerato un punto di riferimento nello sviluppo dell'architettura sostenibile, l'EcoCentre consiste in due edifici, uno all'interno dell'altro. Il cono troncato esterno controlla l'ambiente termale all'interno e lo spazio supplementare creatosi al pian terreno fornisce aree per piante da interni, la reception, sale riunioni e bar. Il dispendio energetico dell'edificio è metà di quello di una torre tipica ed è stato costruito con un budget equivalente.

Alex Popov + Associates
Canopy Apartments | 2004
Sydney, NSW
Photos: © Kraig Carlstrom

Dieses Projekt mit 18 Wohneinheiten, steilen Treppen und Terrassen in einer weitläufigen Kurve der Straße ist reich im Detail. Die bewusst minimalistisch und in Grau- und Weißtönen gehaltenen, zweistöckigen Wohneinheiten bestehen aus 14 Meter langen Volumina und einem offenen Küchen-, Ess- und Wohnbereich. Die Türen sind raumhoch, die Böden sind mit großen Betonfliesen oder Holzdielen ausgelegt und versenkbare Glaspaneele erweitern den Wohnbereich hinaus ins Freie, wo die darüber liegenden Balkone Schutz bieten und Schatten spenden.

On a sweeping bend of road and stepped down a steep site of stairs and terraces, this 18-unit residential project is rich in detail. With planned minimalism and a palette of grays and white, two-story units have 14-meter volumes, and kitchen, living and dining have uninterrupted flow. Doors shoot full height, floors are large concrete tiles or hardwood planks, and foldaway glazing extends living outside where balconies above give shade and shelter.

Ubicado en una curva marcada del camino y desplegando un grupo empinado de escaleras y terrazas, este proyecto residencial de 18 unidades es muy rico en detalles. Con un minimalismo planificado y una paleta de grises y blanco, unidades de dos niveles tienen volúmenes de 14 metros, y la cocina, la sala y el comedor fluyen sin interrupciones. Las puertas abarcan todo el alto de los ambientes, los pisos son grandes losas de hormigón o placas de madera noble, y un vidriado plegable extiende la sala hacia fuera, donde los balcones superiores brindan sombra y refugio.

Situé dans l'élégante courbe d'une rue à flanc de colline escarpée, ce projet de 18 unités résidentielles à terrasses étagées est riche en détails. Avec un minimalisme planifié et une palette de gris et de blanc, les unités de 2 étages ont des volumes de 14 mètres et la transition entre la cuisine, le living et la salle à manger est fluide. Les portes ferment à pleine hauteur, les sols sont faits de grandes dalles en béton ou de planchéiages en bois dur, et un vitrage pliable en accordéon étend le living à l'extérieur, où les balcons servent d'abri ombragé.

Situato in un'ampia curva e scendendo un ripido impianto di scale e terrazze, questo progetto composto di 18 unità residenziali è ricco di dettagli. Con il suo minimalismo programmato ed una gamma di toni di grigio e bianco, le unità a due piani sono lunghi 14 metri e la cucina, la sala e la zona pranzo seguono un flusso ininterrotto. Le porte si chiudono a tutta altezza, i pavimenti dei corridoi sono fatti con grandi mattonelle in cemento o tavole in legno duro e delle vetrate rientrabili si estendono sull'esterno dove balconi forniscono ombra e discrezione.

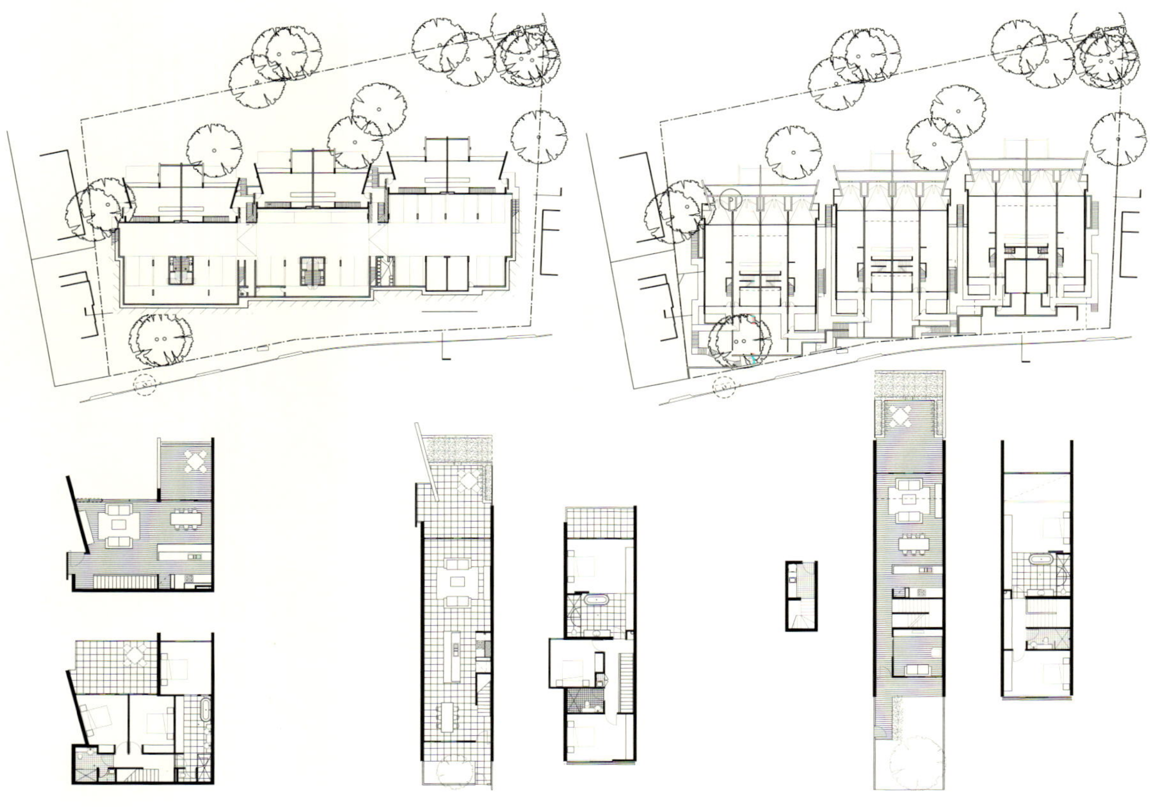

Allan Powell Architects
TarraWarra Museum of Art | 2005
Yarra Glen, VIC
Photos: © Peter Bennetts, John Gollings

Das TarraWarra Museum of Art im Yarra Valley besteht aus sanft gebogenen Wänden, die die Galerie, den Raum für Weinproben und den freien Raum dazwischen einfassen. Innenliegende Freiräume schaffen einen allmählichen Übergang von innen nach außen, während die plastische Form und Bodenständigkeit des Gebäudes die Gegensätzlichkeiten zwischen Natur und von Menschenhand Erschaffenem vor Augen führt. Durch Licht, Schatten und dem Himmel wird eine Verbindung mit den Jahres- und Tageszeiten erreicht.

The TarraWarra Museum of Art in the Yarra Valley is composed of gently converging curved walls that enclose the gallery, the wine tasting room and the open space that lies between them. Internal spaces provide a graduated experience from inside to out, while the sculptural form and earthy quality of the building suggest an ambiguity between man-made and natural, quietly engaging with the seasons and times of day through light, shadow and sky.

El museo de arte TarraWarra, ubicado en el valle Yarra, está formado por muros curvos que convergen suavemente para alojar la galería, la sala de cata de vinos y el espacio abierto que los separa. Los espacios internos permiten una experiencia gradual desde adentro hacia fuera, mientras que la forma escultural y la calidad rústica del edificio sugieren una ambigüedad entre la obra del hombre y la naturaleza, participando silenciosamente de las estaciones y diversos momentos del día por medio de la luz, la sombra y el cielo.

Le Musée d'Art TarraWarra dans la vallée de la Yarra est composé de murs en courbes en lente convergence et qui enceignent la galerie, la salle du taste-vin et l'espace ouvert situé entre eux. Des espaces internes livrent une expérience progressive du passage de l'intérieur vers l'extérieur, tandis que la forme sculpturale et la qualité terrestre du bâtiment suggèrent une ambiguïté entre l'œuvre humaine et celle de la nature, utilisant la lumière, l'ombre et le ciel pour aborder tranquillement les saisons et les heures.

Il museo d'arte di Tarra Warra nella valle di Yarra si compone di pareti curve delicatamente convergenti che avvolgono la galleria, la stanza dell'assaggio del vino e lo spazio aperto che si trova fra loro. Gli spazi interni forniscono un'esperienza graduata dall'interno all'esterno, mentre la forma scolpita e la qualità terrosa della costruzione suggeriscono un'ambiguità fra artificiale e naturale, tranquillamente agganciandosi alle stagioni e gli orari del giorno attraverso la luce, l'ombra ed il cielo.

Harry Seidler & Associates
Riparian Plaza | 2005
Brisbane, QLD
Photos: © Eric Sierins from Max Dupain

Das zwischen zwei Hochhäusern erbaute Riparian Plaza ist ein Vielzweck-Turm mit Gewerbe- und Wohneinheiten und einer weitläufigen Promenade mit Cafés und Restaurants am Ufer des Brisbane River. Eine Palmenallee führt zu einer mit Zinnen bestückten Wand aus Glas und Stahl, hinter der sich die doppelt gewundene Auffahrtsrampe verbirgt, die das Parkhaus mit der Lobby darunter verbindet. Die Fassade wird auf der Geschäftsebene durch Jalousien bestimmt, auf der darüber liegenden Wohnebene durch freitragende Balkone.

Situated between two high-rise buildings, Riparian Plaza is a multi-use tower of commercial and residential zones, with an expansive promenade of cafés and restaurants along the Brisbane River. An avenue of palm trees leads to a castellated wall of steel and glass, screening the double helix ramp connecting car park to lobby below. The façade is defined by louvers on the commercial levels and cantilevered balconies on the residential floors above.

Situada entre dos rascacielos, Riparian Plaza es una torre multiuso que incluye áreas comerciales y residenciales, y un amplio paseo de cafés y restaurantes a lo largo del río Brisbane. Una avenida de palmeras conduce a un muro almenado de acero y vidrio que separa la rampa de doble espiral que conecta el estacionamiento con el vestíbulo inferior. La fachada se define por las celosías de los niveles comerciales y los balcones voladizos de los niveles residenciales superiores.

Située entre deux gratte-ciel, la Riparian Plaza est une tour polyvalente hébergeant des zones commerciales et résidentielles, avec une vaste promenade émaillée de cafés et restaurants le long de la rivière Brisbane. Une avenue bordée de palmiers conduit à un mur crénelé d'acier et de verre faisant écran à la rampe en double hélice qui relie le parking aérien à l'entrée située en dessous. La façade est définie par des persiennes aux niveaux commerciaux et par des balcons en cantilever aux étages supérieurs.

Situato fra due grattacieli, il Riparian Plaza è una torre multiuso con zone commerciali e residenziali, nonché un'estesa promenade di caffè e ristoranti lungo il fiume Brisbane. Un viale di palme conduce ad una parete turrita d'acciaio e vetro che protegge la rampa a forma di due eliche che collega il parcheggio all'ingresso di sotto. La facciata è definita dalle aperture sui livelli delle zone commerciali e dai balconi sporgenti delle zone residenziali di sopra.

QUEENSLAND
INVESTMENT
CORPORATION
CPA
indigo

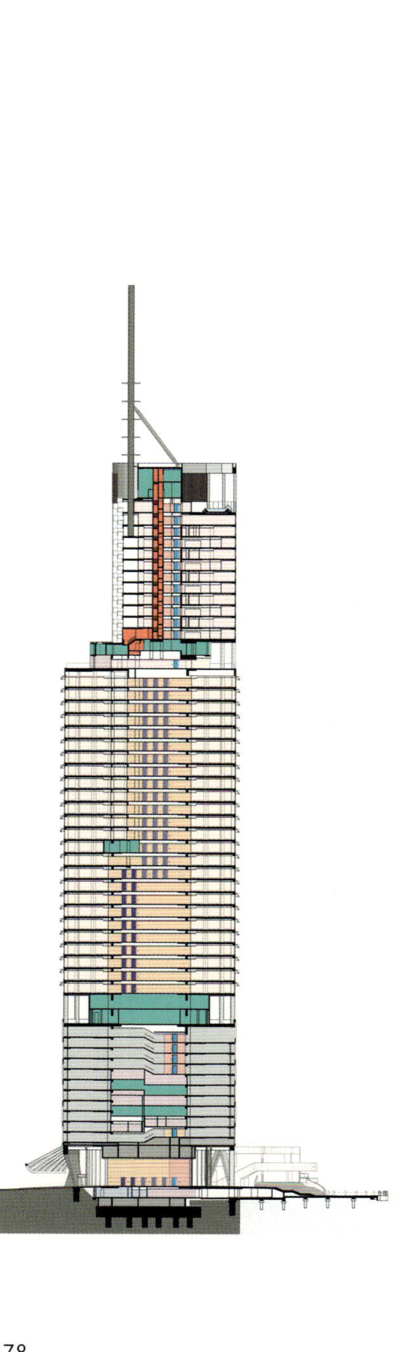

Stutchbury & Pape Architecture
Deepwater Woolshed | 2003
Wagga Wagga, NSW
Photos: © Michael Nicholson

Mit dem Bulls Run im ländlichen Bereich von New South Wales wurde das traditionelle Design der Scherhütten neu umgesetzt. Um den starken Temperaturschwankungen entgegenzuwirken, wurden die Dachüberhänge verstärkt – als Schutz für die Außenwände und als Unterstand für die Schafe. Das Dach besteht aus einer Spannkonstruktion mit schmalen Dachluken. Um bei Sommerhitze die Temperaturen zu senken, wird das Dach mit Wasser besprenkelt: Es tropft durch eine Gitterkonstruktion herab und lässt so eine kühle Brise entstehen. Das gesamte Gebäude ist verschraubt, so dass es sich vollständig zerlegen lässt.

Bulls Run in rural New South Wales re-thinks traditional woolshed design. To manage huge temperature changes, roof overhangs were increased to shade walls and provide undercover sheep storage and access. The roof itself is a self-spanning structure with strip skylights. Water sprays the roof, drips over screens and catches breezes to reduce summer heat, and the entire building is bolted together making it completely demountable.

El puesto de esquileo Bulls Run en la zona rural de New South Wales hace un replanteo del diseño tradicional de este tipo de edificios. Para enfrentar grandes cambios de temperatura se ampliaron las proyecciones del techo para darles sombra a las paredes, y permitir el acceso y refugio de los animales con protección. El techo en sí mismo es una estructura extensible que incluye franjas de luz natural. El agua rocía el techo, gotea sobre filtros y atrapa brisas para reducir el calor del verano, y todo el edificio está sujeto con pernos, por lo que es posible desmontarlo completamente.

Bulls Run, dans la campagne de Nouvelle Galles du Sud repense la conception de la lainerie traditionnelle. Pour gérer d'énormes différences de température, les toits en auvents ont été allongés pour faire de l'ombre sur les murs et fournir un moyen abrité de garde des moutons et d'accès pour ceux-ci. La toit lui-même est une structure en auto-maintien tendu, équipée de lucarnes en forme de bandeaux. De l'eau est pulvérisée sur le toit, s'écoule sur des panneaux et capte la brise pour réduire la chaleur estivale ; l'ensemble des éléments de l'édifice a été boulonné, ce qui permet de le démonter entièrement.

Bulls Run nel rurale New South Wales ripensa il tradizionale disegno della tosatura. Per controllare gli sbalzi di temperatura enormi, le sporgenze del tetto sono state allungate per proteggere le pareti e ricoprono la zona deposito e l'accesso delle pecore. Il tetto in se è una struttura autostringente con finestre integrate. Il tetto è innaffiato e l'acqua gocciola sugli schermi e cattura le brezze di vento per ridurre il calore estivo. L'intera costruzione è avvitata il che la rende completamente smontabile.

Stutchbury & Pape Architecture
Springwater House | 2003
Sydney, NSW
Photos: © Michael Nicholson

Springwater befindet sich auf einem für Sydney Harbor typischen Küstenvorsprung aus Sandstein und dürren Angophora-Bäumen. Anstatt den Ort zu erdrücken, wird das Gebäude auf allen drei Ebenen durch lange, schlicht geformte Räume charakterisiert. Die Deckenhöhe passt sich der angrenzenden Umgebung an und das Gebäude ist sehr einfach verkleidet. Dadurch kann der Hauseigentümer Wände verschieben, Ausblicke verändern und die Belüftung variieren.

Springwater is located on a typical Sydney Harbor foreshore of sandstone and spindly angophora trees. Rather than swamp the site, long, simply-framed spaces characterize all three levels of the building. Ceiling heights are shifted according to their adjacent landscape relationships and the building is skinned very simply, allowing the owner to operate walls, adjust views and catch breezes.

Este edificio está ubicado en una típica zona portuaria de Sydney, con arenisca y eucaliptos alargados. En vez de abarrotar el terreno, espacios largos y de formas simples caracterizan los tres niveles del edificio. La altura de los techos varía de acuerdo con su relación con el paisaje adyacente y el edificio tiene una estructura muy simple que permite al propietario mover paredes, ajustar vistas y aprovechar brisas.

Springwater est situé sure une typique plage en grès du port de Sydney et entouré d'arbres angophora et de leurs volutes. S'abstenant de submerger le site, les espaces longilignes à encadrements simples caractérisent les trois niveaux de l'édifice. Les hauteurs de plafonds sont décalées en fonction de leurs relations avec le paysage adjacent et l'enveloppe de l'édifice est très simple, ce qui permet à son propriétaire d'actionner les murs, d'ajuster les vues et de capter la brise.

Springwater è situato su una riviera tipica delle sponde del porto di Sydney fatte di pietra arenaria e dei sottili alberi di angophora. Piuttosto che inondare il luogo, spazi lunghi e semplicemente incorniciati caratterizzano tutti e tre i livelli della costruzione. Le altezze del soffitto sono spostate secondo i loro rapporti all'adiacente paesaggio e le pareti della costruzione sono rimaste semplici, permettendo che il proprietario operi le pareti, aggiusti le viste e lasci interferire le brezze.

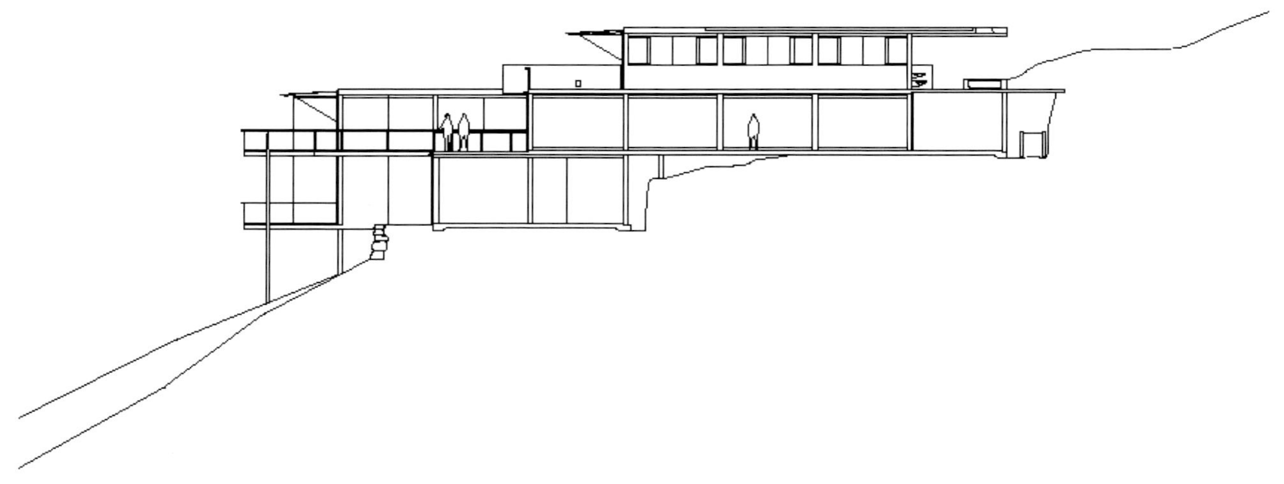

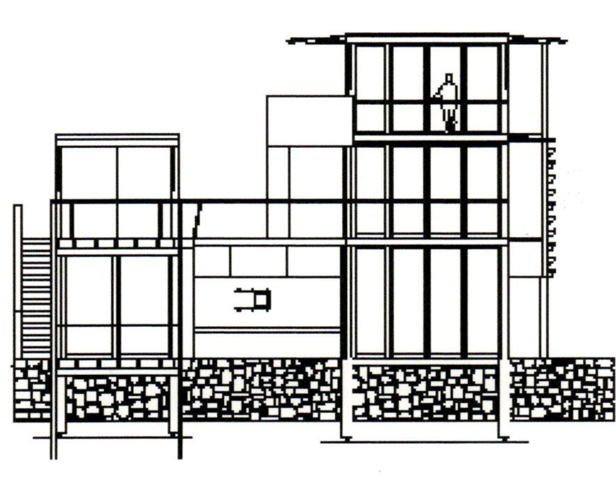

Terroir
Liverpool Crescent House | 2005
Horbart, TAS
Photos: © Ray Joyce

Von außen betrachtet ist das Liverpool Crescent ein schlichter Würfel, dessen gemütliches Innenleben im krassen Gegensatz dazu steht. Das Spiel mit der Architektur wiederholt sich im Raumkonzept - schlicht/gemütlich, innen/außen, gestalteter Raum/Ebenen, in dem die Qualitäten von Haus, Heim, Innenräumen und Außenbereich sich zu einem dynamischen und starken Ausdruck von Raum und Ort vereinen.

Externally, the Liverpool Crescent house is a blunt cube containing a contrastingly intimate interior. The play with architecture is repeated in the spatial concept—blunt / intimate, interior / exterior, carved space / plateau—where the experiential qualities of house, of home, of inside and landscape outside, are folded together in a dynamic and powerful expression of place.

Desde afuera, la casa Liverpool Crescent es un cubo tajante, pero su interior contrasta por lo acogedor. El juego con la arquitectura se repite en el concepto espacial (brusco / íntimo, interior / exterior, irregular / llano), donde las cualidades percibidas de casa, de hogar, de adentro y afuera el paisaje, se combinan para generar una expresión de lugar dinámica y potente.

Observée de l'extérieur, la maison Liverpool Crescent est un cube aux angles émoussés mais hébergeant un intérieur intimiste contrastant avec lui. Le jeu avec l'architecture reprend dans le concept spatial - généralité / intimité, intérieur / extérieur, espace gravé / plateau - où les qualités expérimentales de la maison, du foyer, de l'intérieur et du paysage extérieur sont pliées ensemble en une expression dynamique et puissante du lieu.

All'esterno il Liverpool Crescent House è fatto come un cubo smussato i cui interni si presentano sorprendentemente intimi. Il gioco con l'architettura si ripete nel concetto di spazio - smussato / intimo, interno / esterno, spazi intagliati / plateau - dove le qualità sperimentali della casa, dei suoi interni e il paesaggio fuori si mescolano in una dinamica e forte espressione di spazio.

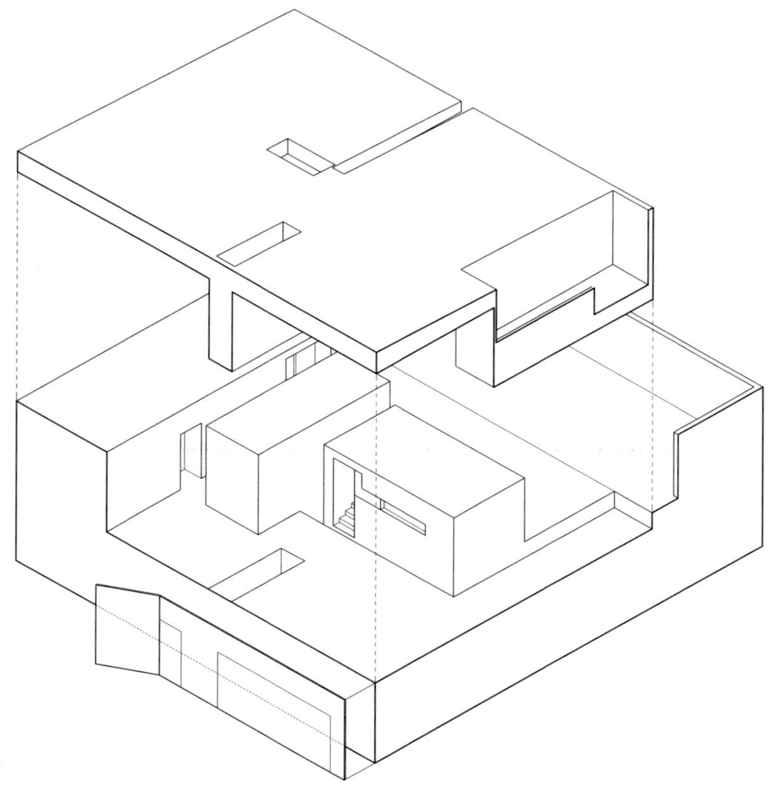

Terroir
Peppermint Bay | 2003
Woodbridge, TAS
Photos: © Brett Boardman, Peter Hyatt

Peppermint Bay ist ein facettenreiches Touristenprojekt an der Küste des D'Entrecasteaux Channel südlich von Hobart. An der idyllischen Route zu der Halbinsel gelegen, übersteigt das Designkonzept Gebäude, Garten alle damit verbundenen Merkmale, so dass daraus eine einzigartige „Gebäudelandschaft" entsteht, in die Restaurant, Geschäfte und heimisches Kunsthandwerk integriert sind.

Peppermint Bay is a multi-faceted tourism project on the shore of the D'Entrecasteaux Channel south of Hobart. Based around the picturesque journey to and from the peninsula, the idea goes beyond building, garden, and associated features, towards a singular complex entity comprising a "landscape" experience, integrating restaurant, retail, and venue for local art and craft makers.

Se trata de un proyecto turístico multifacético ubicado a orillas del canal D'Entrecasteaux, al sur de la ciudad de Hobart. Basada en el trayecto pintoresco hacia y desde la península, la idea va más allá del edificio, el jardín y sus cualidades, para formar una entidad compleja que abarca una 'experiencia de paisaje' que integra restaurante, tiendas y espacios para artesanos locales.

Peppermint Bay est un projet touristique protéiforme sur le rivage du D'Entrecasteaux Channel au Sud de Hobart. Basée sur le voyage pittoresque vers la péninsule et depuis celle-ci, l'idée va au-delà du bâtiment, du jardin et des caractéristiques associés, vers une entité singulière complexe comprenant une expérience du paysage, intégrant un restaurant, un commerce de détail et un pôle de concentration des artistes et artisans locaux

Peppermint Bay è un progetto turistico multifacettato sulle sponde del D'Entrecasteaux Channel south di Hobart. Basato sul pittoresco passaggio da e per la penisola, l'idea va oltre all'edificio, il giardino e le caratteristiche associate, verso una singolare e complessa unità che comprende l'esperienza del "paesaggio" e che integra ristoranti, negozi e luoghi d'incontro per artisti e artigiani locali.

PEPPERMINT
BAY

Kerstin Thompson Architects
BlairgowrieHouse | 2005
Blairgowrie, VIC
Photos: © Jeremy The

Das Blairgowrie House, ein Ferienhaus für Familien, die das Bedürfnis nach Privatsphäre haben, besteht aus zwei nebeneinander erbauten Pavillons. Die Verwendung von gepressten Gipspaneelen stellt eine haltbare und zugleich ökonomische Lösung mit leichten Variationen - fest, beweglich bzw. durchbrochen - dar, die es ermöglicht, auf klimatische Veränderungen zu reagieren. Wenn das Haus bewohnt ist, öffnet es sich zum Meer und der Umgebung hin, wenn es unbewohnt ist, wird es zu einem attraktiven Formenpaar.

A vacation home with looser familial requirements, the Blairgowrie House is made up of two pavilions, side by side. Using unfinished compressed cement panels creates a robust and economic solution with subtle variation in treatment—fixed, operable and perforated—offering an open response to climatic change. When occupied, the building opens up to the seaside landscape and surroundings, and when closed becomes a neat pair of forms.

Una residencia de vacaciones con requisitos familiares más flexibles, la casa Blairgowrie está formada por dos pabellones ubicados uno al lado del otro. El empleo de paneles de cemento comprimido sin terminar constituye una solución robusta y económica con variaciones sutiles en el tratamiento (fijo, funcional y perforado) que brindan una respuesta abierta a los cambios climáticos. Cuando está ocupado, el edificio se abre hacia el océano y los alrededores, y cuando está cerrado se convierte en un bello par de bloques.

Maison de vacances sans exigences familiales sévères, Blairgowrie House est composée de deux pavillons côte à côte. L'utilisation de panneaux inachevés en ciment comprimé donne une solution robuste et économique avec de subtiles variations de traitement - fixe, opérable et perforé - offrant ainsi une réponse ouverte aux changements climatiques. Lorsqu'elle est occupée, la demeure s'ouvre sur la mer et les environs ; lorsqu'elle est fermée, elle devient une paire de formes aux traits clairs.

Una casa di vacanze per la famiglia, la Blairgowrie House consiste in due padiglioni, uno accanto all'altro. Utilizzando panelli in cemento compressati e non finiti, si è creata una soluzione robusta ed economica con una sottile variazione nel trattamento - fisso, operabile e perforato - offrendo una risposta aperta ai cambiamenti climatici. Quando è occupato, l'edificio si apre verso il mare ed i dintorni. Quando è chiuso diventa un attraente accoppiamento di forme.

Tonkin Zulaikha Greer
Craigieburn Bypass | 2005
Melbourne, VIC
Photos: © Peter Hyatt, John Gollings

Der Craigieburn Bypass zeigt, wie ansonsten statische Objekte durch die Geschwindigkeit vorbeifahrender Fahrzeuge eine Dynamik erhalten. Lärmschutzwände, Brücken und Landschaft werden hier durch eine Autobahn poetisch definiert und durch Geschwindigkeit erlebt. Die Architekten entwickelten zwei Arten von Wänden, die beide einen linearen Zugang als Reaktion auf ihre Umgebung bilden und die einen ersten Blick auf Melbourne und das umliegende Land freigeben.

The Craigieburn Bypass explores how otherwise static objects exhibit a dynamism activated by velocity. Here sound walls, bridges and landscape are poetically defined by a freeway experienced at speed. The designers developed two wall types, each forming a linear gateway responding to their environment, framing first views of Melbourne and passage into the country.

Esta carretera de circunvalación explora cómo objetos que de otra manera son estáticos presentan un dinamismo activado por la velocidad. En este caso, los muros de sonido, los puentes y el paisaje son definidos poéticamente por una autopista transitada con velocidad. Los diseñadores desarrollaron dos tipos de muros, siendo que cada uno forma una puerta lineal que responde al medio ambiente y enmarca las primeras impresiones de Melbourne y la salida a áreas menos urbanizadas.

Le Craigieburn Bypass explore comment des objets sinon statiques font preuve d'un dynamisme activé par la vitesse. Ici, les murs antibruit, les ponts et le paysage sont poétiquement définis par une autoroute vécue par la vitesse. Les concepteurs ont développé deux types de murs, chacun formant une porte d'entrée linéaire répondant à son environnement, et encadrant les premières vues de Melbourne et la transition vers la campagne.

Il Craigieburn Bypass dimostra come oggetti normalmente statici esibiscono un dinamismo attivato dalla velocità. Qui solidi muri, ponti e il paesaggio sono poeticamente definiti da una superstrada di alta velocità. I designer sviluppano due tipi di muri, ognuno di essi forma un cancello lineare aperto verso l'ambiente e una cornice per le prime vedute di Melbourne e dei dintorni.

Stephen Varady Architecture
Fullagar Residence | 2005
Wahroonga, NSW
Photos: © John Gollings

Die Architektur des Fullagar House verbindet die strengen Prinzipien der Solarenergie mit plastischen und künstlerischen Elementen. Durch die Unterteilung der Außenfläche in Farbpaneele wurden die Maße des Gebäudes sichtbar verkleinert. Der auffällige rote Pool betont einerseits diese Komposition, während er andererseits einen Kontrast dazu bildet. Im Innern dient dasselbe Rot als Gegengewicht. Hier finden Farben ihren Ausdruck in Form von Farbblöcken auf weißen Wänden und Decken, so dass die Grenzen zwischen Wand und Gemälde verwischen.

The design of the Fullagar House incorporates strict passive solar principles, while exploring sculptural and artistic ideas. By breaking the exterior surface into colored panels, the scale is visually reduced. The bold red pool is used to highlight and counterpoint the composition, while the same red acts as a counterbalance inside. Internally, color is further explored through color blocks on white walls and ceilings, blurring boundaries between the two and between the idea of a wall and a canvas.

El diseño de la casa Fullagar incorpora principios solares pasivos estrictos, explorando, al mismo tiempo, ideas esculturales y artísticas. La escala se reduce visualmente por medio de la división de la superficie exterior en paneles de color. La atrevida piscina roja se emplea para resaltar y demarcar la composición, mientras que ese mismo rojo actúa como contrapeso en el interior. Allí, el color se explora mediante bloques que contrastan con paredes y techos blancos, borrando los límites entre la pared y el lienzo.

La conception de Fullagar House intègre des techniques solaires strictement passives tout en approfondissant quelques idées sculpturales et artistiques. Le fractionnement de la surface extérieure en panneaux colorés réduit optiquement l'échelle. Le bloc en rouge vif sert à mettre la composition en évidence et à lui servir de contrepoint, tandis que ce même rouge officie de contrepoids à l'intérieur. Ici, la couleur a été étudiée sous forme de blocs sur murs et plafonds blancs, estompant les limites entre le mur et le canevas.

Il design della Fullagar House segue rigorosamente i principi solari passivi, mentre esplora idee scultorie ed artistiche. Rompendo la superficie esterna in pannelli colorati, la dimensione è ridotta visivamente. La grossa piscina rossa è usata per mettere in risalto e contrasto la composizione, mentre lo stesso colore rosso funge da contrappeso all'interno. Qui, il colore è esplorato attraverso blocchetti di colore sulle pareti e sui soffitti bianchi, offuscando i contorni fra la parete e la tela di canapa.

John Wardle Architects
Surfcoast House | 2003
Anglesa, VIC
Photos: © Shannon McGrath

Das oberhalb der Dünen von Anglesea, an der Küste von Victoria gelegene Surf Coast House repräsentiert das traditionelle Ferienhaus. Die Zimmer sind entlang der Längsachse auf zwei Ebenen angeordnet. Auf der unteren Ebene befinden sich Schlafzimmer und Küchenbereich, während das Obergeschoss so konzipiert wurde, dass Elternschlafzimmer und Wohnbereich miteinander verbunden sind. Die Elemente wurden so angeordnet, dass daraus ein Zusammenspiel zwischen Privatsphäre und Exponiertheit entstand, das eine optimale Aussicht über das Land und das Meer im Hintergrund gewährt.

Located above the dunes at Anglesea on the Victorian coast, this house reflects the traditional vacation cabin. Rooms are arranged along the longitudinal axis over two levels, the lower containing the bedrooms and service areas, and the upper level planned so main bedroom and living spaces interlink. Elements are arranged to orchestrate a play of separation and exposure, maximizing views to the land and seascape beyond.

Ubicada sobre las dunas de Anglesea, en la costa de Victoria, esta casa refleja la cabaña tradicional de vacaciones. Las habitaciones están dispuestas a lo largo del eje longitudinal y sobre dos niveles, siendo que en el nivel inferior se encuentran los dormitorios y las áreas de servicio y el nivel superior está diseñado para permitir que el dormitorio principal y los espacios de estancia se comuniquen. Los elementos se disponen para orquestar un juego de separación y exposición que maximiza la vista a la tierra y el mar circundantes.

Située à Anglesea au dessus des dunes des côtes de l'État de Victoria, cette maison reflète bien l'image de la résidence de vacances traditionnelle. Les pièces étendues sur deux niveaux épousent l'axe longitudinal de la demeure, les pièces inférieures hébergeant les chambres et zones de service ; l'étage supérieur a été dessiné de sorte que la chambre principale et les espaces de séjours soient interconnectés. Les éléments sont agencés pour orchestrer le jeu de la séparation et de l'exposition, en maximisant les vues sur le paysage côté et sur l'horizon marin.

Situata sopra le dune di Anglesea sul litorale di Victoria, questa casa riflette la dimora tradizionale di vacanza. Le stanze sono organizzate lungo l'asse longitudinale su due livelli, il più basso contiene le camere da letto e le aree di servizio ed il livello superiore è progettato in modo da collegare la camera da letto principale e la zona soggiorno. Gli elementi sono organizzati per destarsi ad un gioco della separazione e dell'esposizione, regalando splendidi panorami della terra ferma ed il mare.

John Wardle Architects, Hassell, NH Architecture
The Urban Workshop, 50 Lonsdale Street | 2006
Melbourne, VIC
Photos: © Shannon McGrath

Der Urban Workshop beherbergt das Victorian State Government's Department of Human Services und verbindet im Erdgeschoss innovative Arbeitsbereiche und öffentliche Räumlichkeiten. Hier werden Gebäude und Straßen des 19. Jahrhunderts in Erinnerung gebracht und neu interpretiert. Straßen werden als Fußgängerwege ausgewiesen, historische Gebäude erhalten einen neuen Verwendungszweck und vor Ort entdeckte Kunstschätze werden in ein Kunstwerk von Rosslynd Piggott eingebunden, das sich über die gesamte Länge des Foyers erstreckt.

The Urban Workshop houses the Victorian State Government's Department of Human Services and integrates innovative workspaces and civic gestures on ground level. Here 19th century buildings and laneways are remembered and reinterpreted. Laneways are returned as pedestrian thoroughfares, historic buildings given new uses, and artifacts found on site used within an artwork by Rosslynd Piggott that stretches the length of the foyer.

Este edificio aloja el Ministerio de Servicios Humanos del gobierno del Estado de Victoria, integrando espacios innovadores de trabajo y símbolos cívicos en la planta baja. Aquí se recuerdan y reinterpretan edificios y callejuelas del siglo IXX. Las callejuelas se convierten en vías públicas peatonales, los edificios históricos adquieren nuevos usos y los artefactos hallados en el lugar son integrados por Rosslynd Piggott en una obra de arte que ocupa toda la longitud del vestíbulo.

Voici l'Atelier Urbain du Département des services sociaux (Gouvernement de l'État de Victoria), qui intègre des espaces de travail innovant et des services municipaux au rez-de-chaussée. L'Urban Workshop remémore et réinterprète des immeubles et voies du 19e siècle. Les chemins sont restitués à la fréquentation piétonnières, les bâtiments historiques reçoivent de nouvelles fonctions et les artefacts trouvés sur site entrent dans une œuvre signée de Rosslynd Piggott etqui s'étend sur toute la longueur du foyer.

L'Urban Workshop alloggia il Department of Human Services del Governo dello stato di Victoria ed integra posti di lavoro innovativi e servizi civici al pian terreno. Qui si ricordano e ri-interpretano le costruzioni e vie del 19esimo secolo. Le vie sono state ritrasformate in vie pubbliche pedonali, nuovi usi sono stati conferiti alle costruzioni storiche e gli artefatti trovati sul sito sono stati utilizzati per un'opera d'arte di Rosslynd Piggott che si estende sulla lunghezza del foyer.

ROBERT MARTIN

Wood / Marsh Architecture
YVE Apartments | 2006
Melbourne, VIC
Photos: © Peter Bennetts

Das YVE-Wohngebäude stellt eine dreidimensionale Konstruktion dar, die mit Glas unterschiedlicher Textur und Dicke verkleidet wurde. Die Verglasung passt sich den Gebäudekonturen an und weicht immer wieder zurück, um Balkone und schattige Nischen zu formen. Das Gebäude ist auf allen Ebenen symmetrisch; das Fehlen von Vorder- und Rückseite forciert die Perspektive und bildet einen Abschluss, ohne seine Sprache zu ändern. Auf der Straßenebene wurde der Sockel angehoben und die darüber liegenden Ebenen scheinen zu schweben.

The YVE apartment building is designed as a three-dimensional structure clad with glass of various textures and layers. The façade curves in plan, and the glazing follows the outer curves stepping back to form balconies and shadowy recesses. Symmetrical on all levels, it has no front, rear, or side, forcing the perspective and creating a crown without altering the overall language. At street level the building skirt lifts and the levels above appear to float.

El edificio de apartamentos YVE fue diseñado como una estructura de revestimiento tridimensional con vidrio de varias texturas y capas. La fachada forma una curva y el cristal sigue las curvas externas, retrayéndose para formar balcones y recesos sombreados. Simétrico en todos los niveles, no tiene frente, contrafrente o lado, lo que fuerza la perspectiva y crea una corona sin alterar el lenguaje general. A nivel de la calle, la parte inferior del edificio se eleva y los niveles superiores parecen flotar.

L'YVE, immeuble résidentiel, a été conçu comme une structure tridimensionnelle bardée de verre présentant des textures et couches variées. La façade semble suivre des courbes de niveaux et les vitrages épousent les galbes extérieurs, avec un retrait pour former des balcons et des renfoncements ombragés. Symétrique à tous les étages, cet immeuble n'a aucune façade avant, arrière ou latérale ; il force sur la perspective et crée une couronne sans altérer le langage d'ensemble. Au niveau de la rue, la « jupe » de l'immeuble s'élève, donnant l'impression que les étages situés au-dessus flottent.

Il residence YVE è progettato come struttura tridimensionale placcata con vetro di vari strutture e strati. La facciata è curvata in modo regolare e la verniciatura segue le curve esterne, per rientrare e creare balconi e nicchie ombrose. Simmetrico a tutti i livelli, ha nessun lato anteriore, posteriore, o laterale, forzando la prospettiva e generando una parte superiore senza alterare l'espressione generale. Al livello della via i bordi della costruzione s'innalzano ed i piani di sopra sembrano galleggiare.

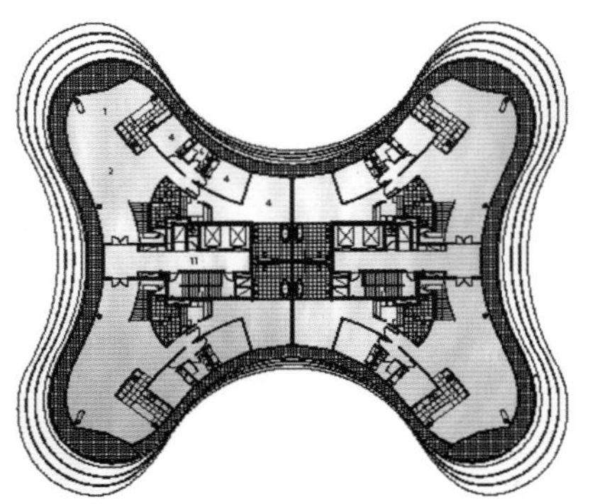

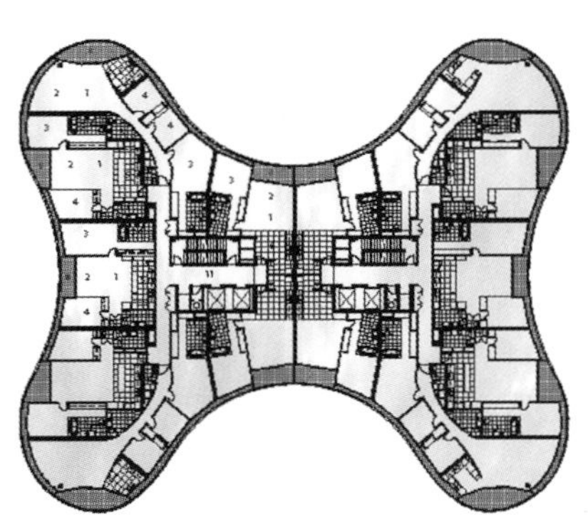

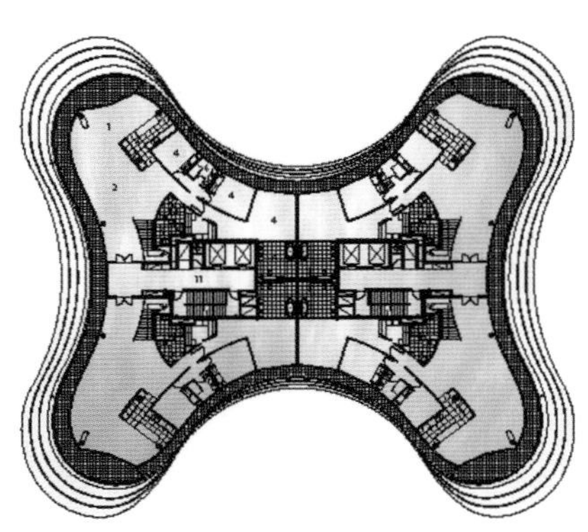

Ashton Raggatt McDougall
Level 11, 522 Flinders Lane, Melbourne VIC 3000, Australia
P + 613 9629 1222
F + 613 9629 4220
www.a-r-m.com.au

BKK Architects
Level 9, 180 Russel Street, Melbourne VIC 3001, Australia
P + 613 9671 4555
F + 613 9671 4666
www.b-k-k.com.au
office@b-k-k.com.au

Tony Caro Architecture
Level 1, 2 Glen Street, Milson's Point NSW 2061, Australia
P + 612 9964 9100
F + 612 9964 9133
www.tonycaroarchitecture.com.au
studio@tonycaroarchitecture.com.au

CARR Design Group
Level 4, 31 Flinders Lane, Melbourne VIC 3000, Australia
P + 613 9654 8692
F + 613 9650 5002
www.carr.net.au
melb@carr.net.au

Cassandra Complex
51 O'Connell Street,
North Melbourne VIC 3051, Australia
P + 613 9329 8308
F + 613 9329 8309
www.cassandracomplex.com.au

Dale Jones-Evans Architecture
Loft 1, 50-54 Ann Street, Surry Hills NSW 2010, Australia
P + 612 9211 0626
F + 612 9211 5998
www.dje.com.au
dje@dje.com.au

Denton Corker Marshall
49 Exhibition Street, Melbourne VIC 3000, Australia
P + 613 9012 3600
F + 613 9012 3601
www.dentoncorkermarshall.com
melb@dentoncorkermarshall.com.au

Donaldson + Warn Architects
38 Roe street, Perth WA 6000, Australia
P + 618 9328 4475
F + 618 9227 6558
ww.donaldsonandwarn.com.au

Durbach Block Architects
Level 5, 71 York Street, Sydney NSW 2000, Australia
P + 612 8297 3500
F + 612 8297 3510
www.durbachblock.com
mail@durbachblock.com

Elenberg Fraser
374 George Street, Fitzroy VIC 3065, Australia
P + 613 9417 2855
F + 613 9417 2866
www.e-f.com.au
mail@e-f.com.au

Peter Elliott Architecture + Urban Design
Level 11, 180 Russel Street, Melbourne VIC 3000, Australia
P + 613 9654 0015
F + 613 9654 0094
www.peterelliott.com.au
elliott@peterelliott.com.au

fjmt Francis-Jones Morehen Thorp
Level 5, 140 George Street, Sydney NSW 2000, Australia
P + 61 2 9251 7077
F + 612 9251 7072
www.fjmt.com.au

Hassell
70 Hindmarsh Square, Adelaide SA 5000, Australia
P + 618 8203 5222
F + 618 8203 5200
ww.hassell.com.au
adelaide@hassell.com.au

Drew Heath
Level 6, 110 Kippax Street, Surry Hills NSW 2021, Australia
www.drewheath.com
drewheath@ozemail.com.au

Donovan Hill
112 Bowen Street, Spring Hill QLD 4000, Australia
P + 617 3831 3255
F + 617 3831 3266
www.donovanhill.com.au
mail@donovanhill.com.au

Johnson Pilton Walker
Level 10, Plaza Building Australia Square 95 Pitt Street,
Sydney NSW 2000, Australia
P + 612 9259 5900
F + 612 9259 5999
www.jpw.com.au
jpw@jpw.com.au

Lippmann Associates
570 Crown Street, Surrey Hills NSW 2010, Australia
P + 612 9318 0844
F + 612 9319 2230
www.lippmann.com.au
info@lippmann.com.au

Lyons
1/459 Little Collins Street, Melbourne VIC 3000, Australia
P + 613 9600 2818
F + 613 9600 2819
www.lyonsarch.com.au
lyons@lyonsarch.com.au

Marsh Cashman Koolloos Architects
Studio 401, 104 Commonwealth Street,
Surry Hills NSW 2010, Australia
P +612 9211 4146
F +612 9211 4148
www.mckarchitects.com
architects@mckarchitects.com

McBride Charles Ryan
4/21 Wynnstay Road, Prahran VIC 3181, Australia
P +613 9510 1006
F +613 9510 0205
www.mcbridecharlesryan.com.au

McGauran Giannini Soon
10-22 Manton Lane, Melbourne VIC 3000, Australia
P +613 9670 1800
F +613 9670 1808
www.mgsarchitects.com.au
mgs@mgsarchitects.com.au

Melocco & Moore Architects
Level 5, 116-122 Kippax Street,
Surry Hills NSW 2010, Australia
P +613 9212 6111
F +613 9212 2050
www.meloccomoore.com.au

Minifie Nixon Architects
Top Floor, 181 Swanston Street,
Melbourne VIC 3000, Australia
P +613 9654 6326
F +613 9654 6308
www.minifienixon.com

Ian Moore Architects
44 McLachlan Avenue, Rushcutters Bay NSW 2011, Australia
P +61 2 9380 4099
F +612 9380 4302
www.ianmoorearchitects.com
info@ianmoorearchitects.com

Morris-Nunn and Associates
Ixl Atrium, 27 Hunter Street, Horbart TAS 7000, Australia
P +613 6236 9544
F +613 6236 9564
www.morrisnunn.com.au
info@morrisnunn.com.au

Alex Popov + Associates
Level 3, 2 Glen Street, Milsons Point NSW 2061, Australia
P +612 9955 5604
F +612 9955 9258
www.alexpopov.com.au
info@alexpopov.com.au

Allan Powell Architects
19 Victoria Street, St. Kilda VIC 3182, Australia
P +613 9534 8367
F +613 9525 3615
www.allanpowell.com.au
allan@allanpowell.com.au

Harry Seidler & Associates
2 Glen Street, Milsons Point NSW 2061, Australia
P +612 9922 1388
F +612 9957 2947
www.seidler.net.au
hsa@seidler.net.au

Stutchbury & Pape Architecture
5/364 Barrenjoey Road, Newport NSW 2106, Australia
P +61 2 9979 5030
F +612 9979 5367
admin.sp@ozemail.com.au

Terroir
181 Elizabeth Street, Horbart TAS 7000, Australia
P +613 6234 6372
F +613 62314939
www.terroir.com.au
horbart@terroir.com.au

Kerstin Thompson Architects
54 Charles Street, Fitzroy VIC 3065, Australia
P +613 9419 4969
F +613 94194483
www.kerstinthompson.com
kta@kerstinthompson.com

Tonkin Zulaikha Greer
117 Reservoir Street, Surry Hills NSW 2010, Australia
P +612 9215 4900
F +612 9215 4901
www.tzg.com.au
info@tzg.com.au

Stephen Varady Architecture
14 Lackey Street, St. Peters NSW 2044, Australia
PO Box 105 Sydney
P +612 9516 4044
F +612 9516 4541
www.stephenvarady.com
sva@stephenvarady.com

John Wardle Architects
Level 10, 180 Russell Street, Melbourne VIC 3000, Australia
P +613 9654 8700
F +613 9654 8755
www.johnwardlearchitects.com
johnwardle@johnwardlearchitects.com

Wood / Marsh Architecture
466 William Street, West Melbourne VIC 3003, Australia
P +613 9329 4920
F +613 9329 4997
www.woodmarsh.com.au
wm@woodmarsh.com.au

published and distributed worldwide by
daab gmbh
friesenstr. 50
d - 50670 köln

p + 49 - 221 - 913 927 0
f + 49 - 221 - 913 927 20

mail@daab-online.com
www.daab-online.com

publisher ralf daab
rdaab@daab-online.com

creative director feyyaz
mail@feyyaz.com

editor sabina marreiros
text heidi dokulil
layout kerstin graf, papierform
imaging jan hausberg, martin herterich

editorial project by fusion publishing gmbh stuttgart . los angeles
editorial direction martin nicholas kunz

translations ade team stuttgart

printed in italy
www.zanardi.it

isbn 978 - 3 - 937718 - 77 - 4